포켓몬스터 도감 학습 워크북

포켓몬 수학 마스터

수·도형·단위

추천 연령 7-9세

이 책은
포켓몬을 모으면서
수·도형·단위를
※마스터 하는 것을 목표로 하는
7~9세용 학습 워크북이에요.
50개의 배틀을 클리어해서
50종류의 포켓몬을 모아요.
마지막 배틀에서는
전설의 포켓몬
루기아가 등장해요.
여러분은 과연
모든 포켓몬을 손에 넣고
[수·도형·단위 마스터]가
될 수 있을까요?

※ 마스터 : 어떤 기술이나 내용을 배워서 충분히 익히는 일, 또는 익힌 사람을 뜻하는 말.

워크북 사용 방법

1 배틀은 ①부터 ㊿까지 있습니다. 매일 조금씩 도전해 보세요.
마치면 부모님과 함께 정답을 맞혀 보세요.

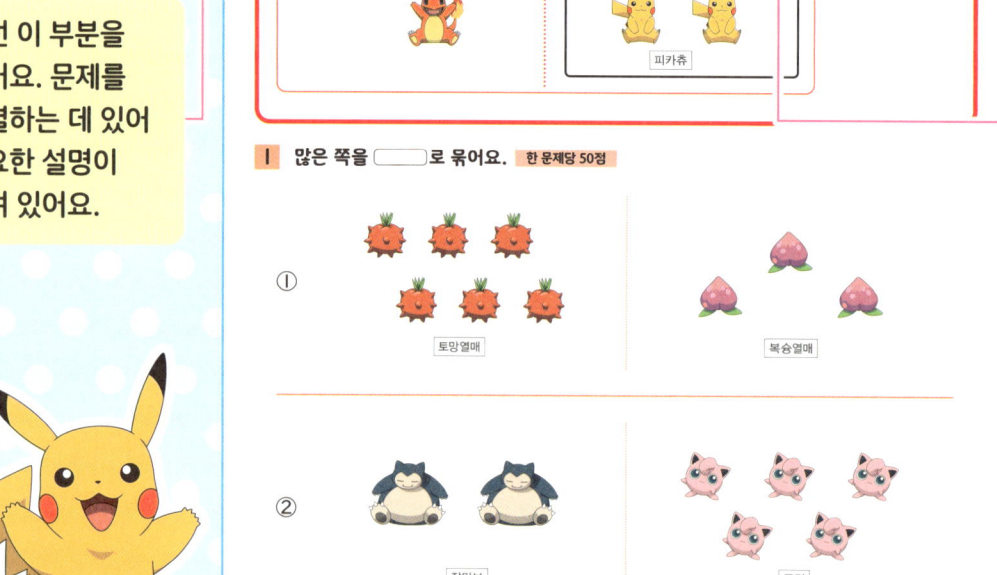

- 이 페이지를 풀기 위한 목표 시간입니다.
- 우선 이 부분을 읽어요. 문제를 해결하는 데 있어 중요한 설명이 쓰여 있어요.
- 부모님에게 점수를 써 달라고 하세요. 목표 점수 이상을 받았다면 배틀을 클리어한 거예요. 점수가 부족할 때는 다시 한번 도전해요.
  ※ 클리어 : 목표를 넘은 것
- 이 페이지에서 손에 넣을 수 있는 포켓몬에 대한 설명이에요. 키의 [m]은 미터, 몸무게의 [kg]은 킬로그램이라는 단위예요.
- 마친 날짜를 쓰세요.

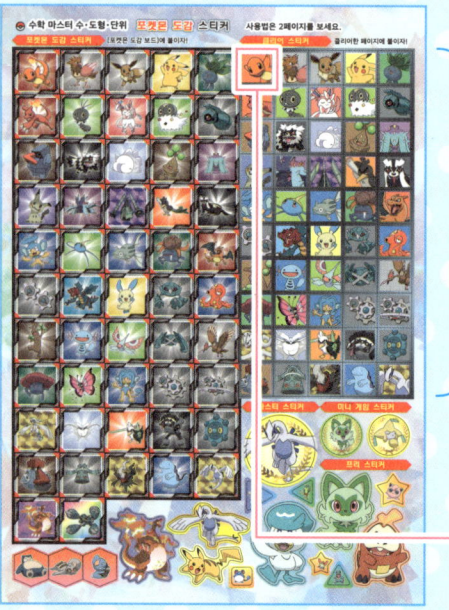

2 배틀을 클리어하면 그 페이지에 [클리어! 스티커]를 붙여요.
[클리어! 스티커]는 **왼쪽 위부터 배틀에 등장하는 순서**대로 배치되어 있어요.

수학 마스터 수·도형·단위 포켓몬 도감 스티커

사용법은 2페이지를 보세요.

포켓몬 도감 스티커 [포켓몬 도감 보드]에 붙이자!

클리어 스티커 클리어한 페이지에 붙이자!

마스터 스티커 **미니 게임 스티커**

프리 스티커

3 [클리어! 스티커]와 같은 포켓몬의
　[포켓몬 도감 스티커]를
　[포켓몬 도감 보드]에 붙여요.

[포켓몬 도감 스티커]는 왼쪽 위에서부터
배틀에 등장하는 순서대로 배치되어 있어요.
[포켓몬 도감 보드]의 포켓몬 위치는
배틀 순서와는 달라요. 주의해서 붙여 주세요.
배틀㉕와 ㉞에서는 스티커를 2장 붙일 수 있어요.

[프리 스티커]는 자유롭게
붙일 수 있는 스티커예요.

미니 게임을
마치면
[미니 게임
스티커]를
붙여요.

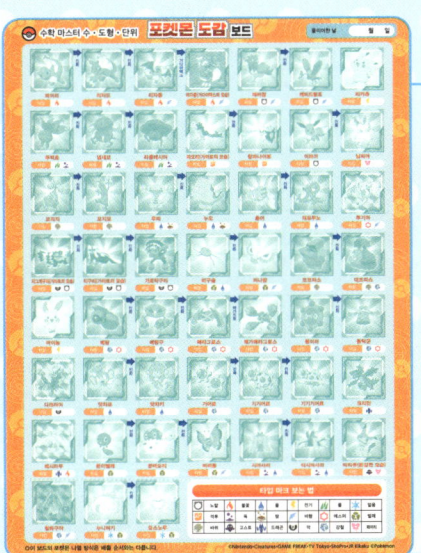

[포켓몬 도감 보드]는
잘라서 사용해요.

4 [포켓몬 도감 보드]에 모든 포켓몬이 모이면
　이 학습지는 완성된 거예요.
　부모님에게 마지막 페이지에 있는
　[수·도형·단위 수학 마스터 증명서]에
　이름과 날짜를 써 달라고 한 다음,
　[마스터 스티커]를 붙여요.

마스터 스티커

부모님에게

● [포켓몬스터 도감 학습 워크북]은 포켓몬을 모으면서 즐겁게 공부할 수 있는 책입니다.
　이 책에서는 수학 가운데 수의 구조와 도형·단위에 대해 배웁니다.
● 어린이가 페이지를 모두 이해했으면 정답과 비교해 점수를 매겨 주세요.
　목표 점수에 도달하지 못했을 때는 다시 풀도록 격려해 주세요.
● [포켓몬 도감 보드] 뒷면에 있는 [점을 이어 그림 그리기 시트]는
　화이트보드 사양이 아닙니다.
　일부 수성펜은 지워질 수 있으나, 유성펜이나 볼펜 등은 지워지지 않으므로
　사용에 주의해 주시기 바랍니다.

[수]와 [모양]의
장점을 찾아보세요!

수학을 공부하다 보면, 우리 주변 곳곳에서

수학이 활용되고 있다는 사실을 알게 돼요.

수학은 우리의 생활 속에서 없어서는 안 될 중요한 학문이에요.

예를 들어, 0부터 9까지의 단 10개의 숫자만으로 모든 수를 표현할 수 있어요.

물건의 가격은 물론, 여러분의 키와 몸무게도 수로 나타낼 수 있죠.

하지만 수학의 매력은 거기서 끝나지 않아요.

생각을 더 풍요롭게 만들고, 세상에 숨어 있는 신기한 것들을 발견하게 해 주죠.

주위를 천천히 둘러보면 삼각형, 사각형, 동그라미,

그리고 공처럼 다양한 모양이 보여요.

우리 한 사람, 한 사람에게 저마다의 장점이 있듯,

이런 모양에도 각각의 멋진 특징이 있답니다.

예를 들어, 공책은 사각형이라 쓰기 편하고 정리하기 좋아요.

공은 둥글기 때문에 데굴데굴 굴러가서 축구 같은 놀이를 할 수 있죠.

이처럼 수나 모양의 특징을 발견하고 그 멋짐을 알아내는 것,

이것도 바로 수학 공부예요.

이 학습지를 통해 주변의 다양한 것들을 관찰하고, 그 속에 숨겨진 멋진

장점을 찾아내는 즐거움을 느껴 보길 바랍니다.

야베 카즈오

야베 카즈오 우라와 대학 어린이학부 학교교육학과 교수

도쿄 학예대학을 졸업한 뒤 초등학교 정교사로 근무를 시작했으며, 이후 사이타마 시의 초등학교 교장을 역임했다.
현재는 초등학교 교사를 꿈꾸는 학생들에게 수학과 학습 지도법을 지도하고 있다.

배틀 ① 많다 적다

목표 15분

파이리를 잡아라!

파이리
도롱뇽포켓몬
타입 ▶ 불꽃
키 ▶ 0.6m
몸무게 ▶ 8.5kg

점

50점 이상이면
[클리어! 스티커]를
붙일 수 있어요!

시작하기 전에 읽어요!

많은 쪽을 ☐로 묶어요.

피카츄

피카츄가
더 많네요!

---

1 많은 쪽을 ☐로 묶어요. 　한 문제당 50점

①

　　토망열매　　　　　　　　　복숭열매

②

　　　　잠만보　　　　　　　　　푸린

클리어한 날

월　　일

깨비참을 잡아라!

5까지의 수

점

60점 이상이면 [클리어! 스티커]를 붙일 수 있어요!

시작하기 전에 읽어요!

숫자를 바르게 써요.

1은 일(하나)이라고 읽어요.

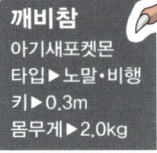
몬스터볼

1(한)장   1(한)대   1(한)개

일(하나)

I 소리 내 읽으면서 □에 알맞은 수를 쓰세요.   ①~⑤ 20점

①

일(하나)

②

이(둘)
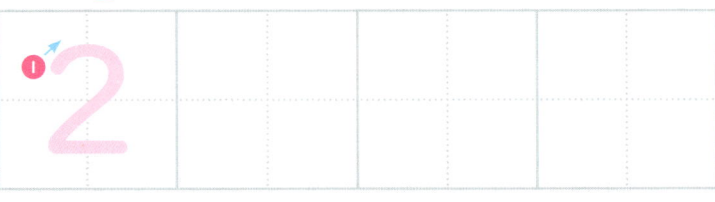

 이(두) **2**개
복숭열매

2(두) 마리

2(두) 자루

▶다음 페이지에 계속

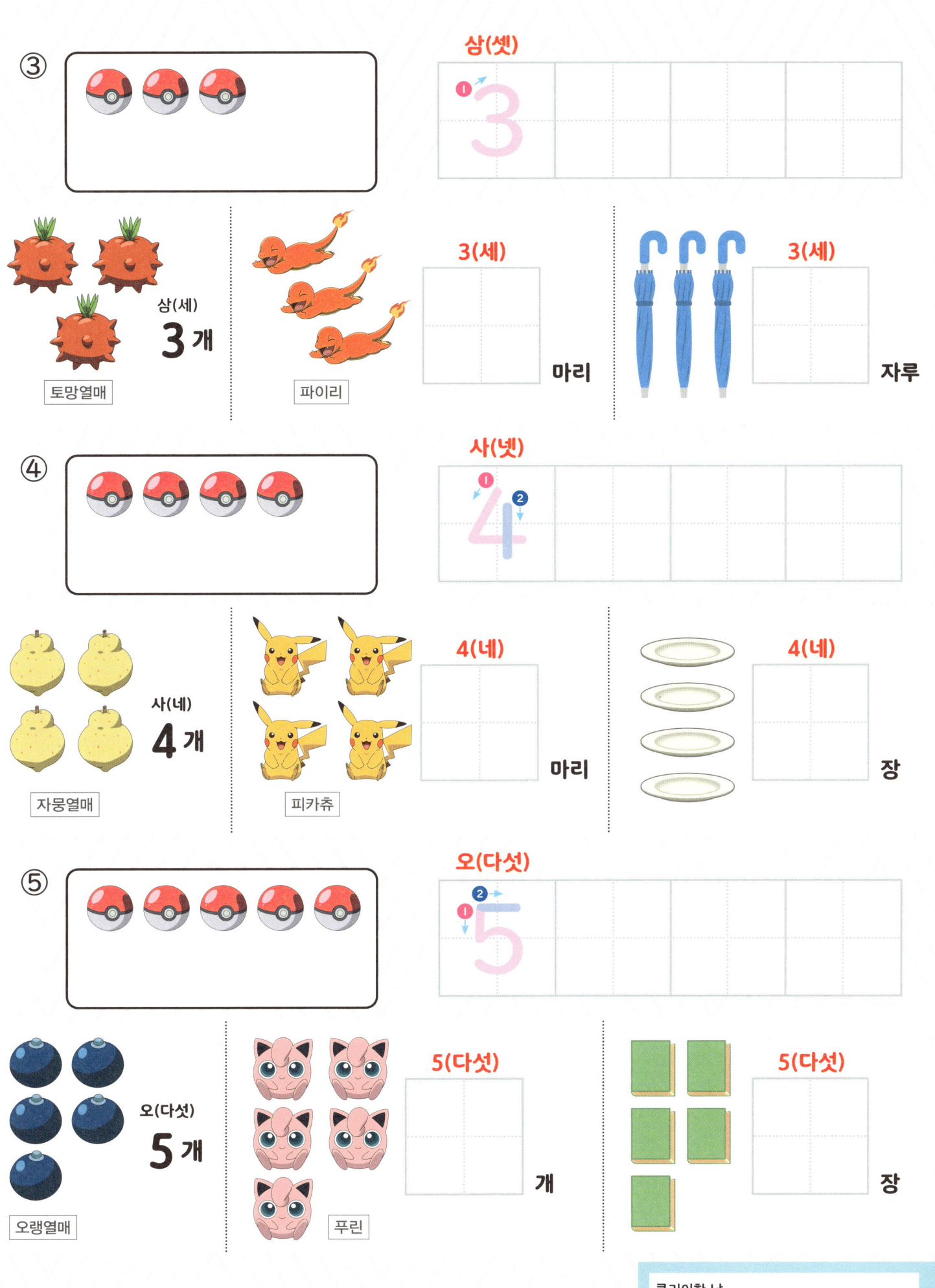

배틀 ③ 몇 개 있을까 ①

목표 15분

이브이를 잡아라!

이브이
진화포켓몬
타입 ▶ 노말
키 ▶ 0.3m
몸무게 ▶ 6.5kg

점
60점 이상이면 [클리어! 스티커]를 붙일 수 있어요!

시작하기 전에 읽어요!

문제 선을 그으면서 세어요.

하나 → 둘 → 셋 → 넷

정답 4

---

1 몇 개인지 세어 ☐에 알맞은 수를 쓰세요. ①② 10점 ③~⑥ 20점

선을 그으면서 세어요!

①  하나 둘

②

③
복숭열매

④
몬스터볼

⑤
슈퍼볼

⑥

클리어한 날   월   일

배틀 4 목표 20분

피카츄를 잡아라!

10까지의 수

점

60점 이상이면 [클리어! 스티커]를 붙일 수 있어요!

피카츄
쥐포켓몬
타입▶전기
키▶0.4m
몸무게▶6.0kg

시작하기 전에 읽어요!

숫자를 바르게 쓰세요.

6은 **육(여섯)**이라고 읽어요.

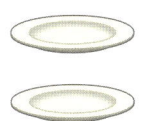 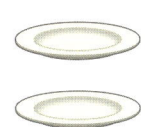  몬스터볼   육(여섯)

6(여섯)장   6(여섯)마리   6(여섯)개

---

1 소리 내 읽으면서 ☐에 알맞은 수를 쓰세요. ①~⑤ 20점

①  육(여섯)

②  칠(일곱)

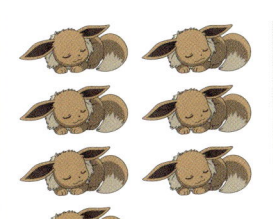 칠(일곱) **7**개 복숭열매

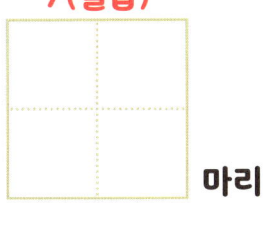 이브이

7(일곱) ☐ 마리

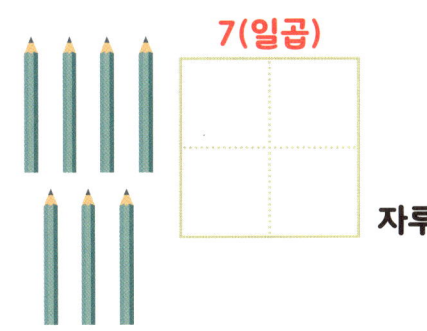 7(일곱) ☐ 자루

▶다음 페이지에 계속

뚜벅쵸를 잡아라!

배틀 5

목표 15분

몇 개 있을까 ②

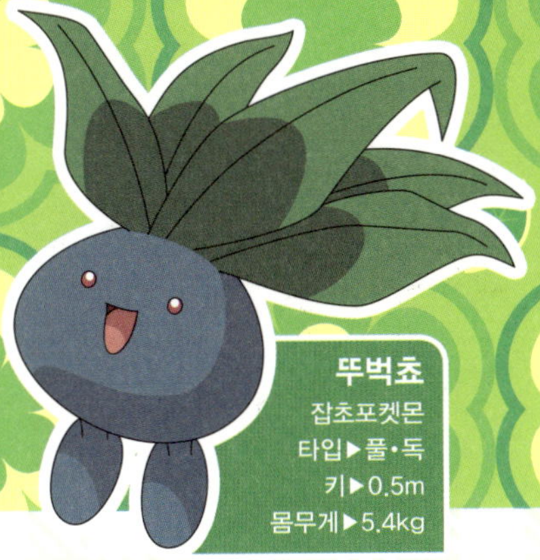

뚜벅쵸
잡초포켓몬
타입▶풀·독
키▶0.5m
몸무게▶5.4kg

점

60점 이상이면
[클리어! 스티커]를
붙일 수 있어요!

1 몇 개가 있는지 세어서 □에 알맞은 수를 쓰세요. ①~④ 10점 ⑤~⑧ 15점

선을 그으면서
세어요!

①

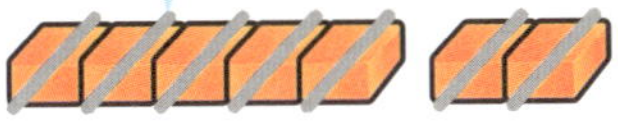

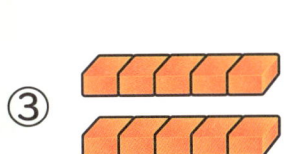

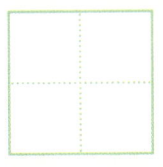

②

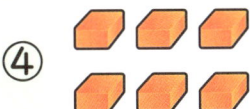

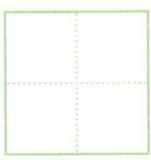

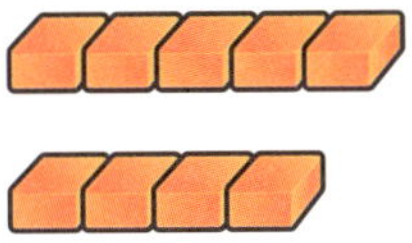

③

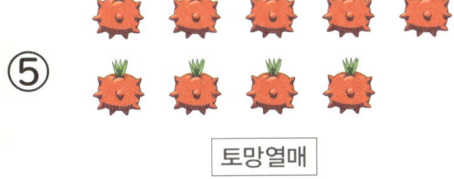

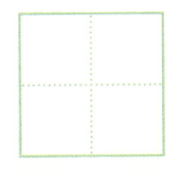

④

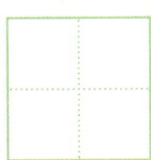

⑤

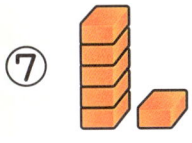

토망열매

⑥

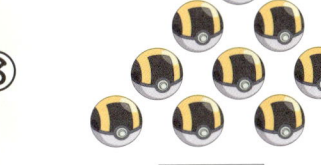

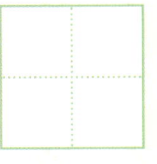

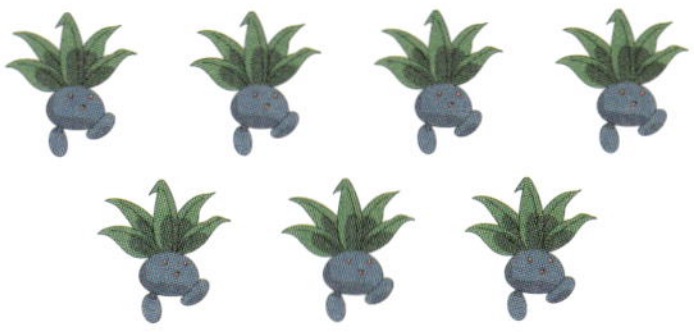

⑦

⑧

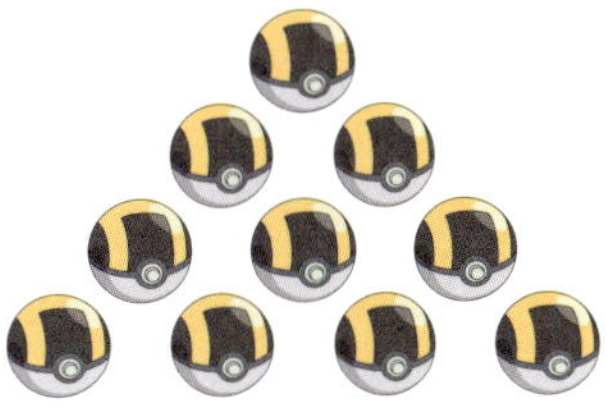

하이퍼볼

클리어한 날

월 일

배틀 ⑥ 수의 크기 비교 ①

리자드를 잡아라!
목표 20분

점

60점 이상이면 [클리어! 스티커]를 붙일 수 있어요!

리자드
화염포켓몬
타입 ▶ 불꽃
키 ▶ 1.1m
몸무게 ▶ 19.0kg

시작하기 전에 읽어요!

어느 쪽이 더 많은지 알 수 없을 때는 블록 그림으로 생각해요.

문제 3과 2는 어느 쪽이 더 많을까요.

3 [▥▥▥]
2 [▥▥]
(3이 하나 남으니까)

정답 3

1 어느 쪽이 많을까요. 많은 쪽을 ☐에 쓰세요. 하나당 5점

① 1
   2

② 4
   1

블록을 ☐로 대신했어요.

③ 2
   5

④ 3
   1

알 수 없을 때는 블록 ☐를 그리고 생각하세요.

⑤ 4
   3

⑥ 5
   3

⑦ 2
   4

⑧ 5
   4

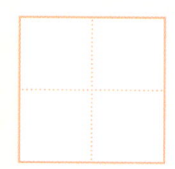

▶다음 페이지에 계속

2 어느 쪽이 많을까요? 많은 쪽을 ☐에 쓰세요. 하나당 5점

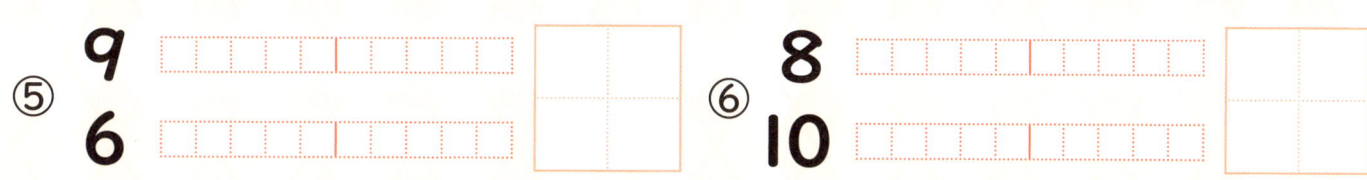

3 수가 많은 쪽에 ○ 하세요. 하나당 5점

클리어한 날

월   일

배틀 7 - 몇 개와 몇 개 ①

분이벌레를 잡아라!

목표 15분

분이벌레
가루뿜기포켓몬
타입▶벌레
키▶0.3m
몸무게▶2.5kg

점
60점 이상이면 [클리어! 스티커]를 붙일 수 있어요!

시작하기 전에 읽어요!

5는 2와 몇 개가 있어야 되는지 알아보세요.

- 몬스터볼 5개
- 2개 / 3개

5
2 3

5는 2와 3

문제 7은 4와 몇 개가 있어야 될까요.

7개의 칸을 그리고 4개를 색칠하면 이해하기 쉬워요.

정답 3

---

1 ☐에 알맞은 수를 쓰세요. ①② 10점 ③~⑥ 20점

① **4는 3과** ☐

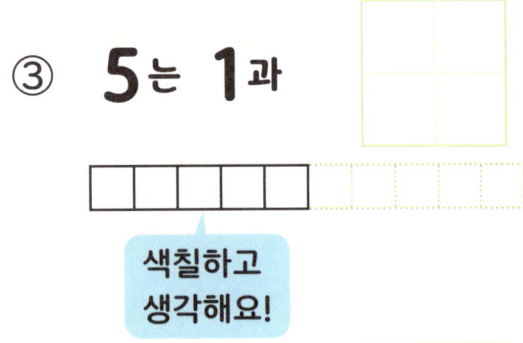

② **6은 3과** ☐

오랭열매

③ **5는 1과** ☐

색칠하고 생각해요!

④ **7은 5와** ☐

5칸을 칠해요!

⑤ **8은 3과** ☐

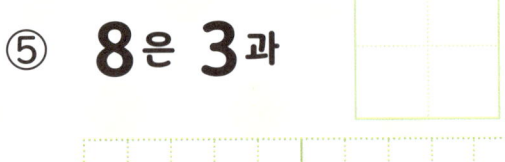

⑥ **9는 6과** ☐

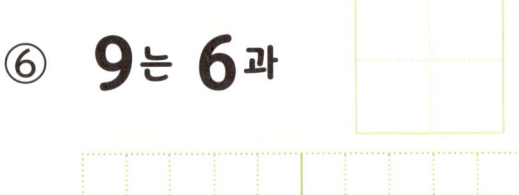

클리어한 날   월   일

배틀 9 (목표 15분) 몇 개와 몇 개 ③

분떠도리를 잡아라!

분떠도리
가루뿜기포켓몬
타입 ▶ 벌레
키 ▶ 0.3m
몸무게 ▶ 8.4kg

점
60점 이상이면 [클리어! 스티커]를 붙일 수 있어요!

시작하기 전에 읽어요!

10은 6과 몇 개가 있어야 되는지 알아보세요.

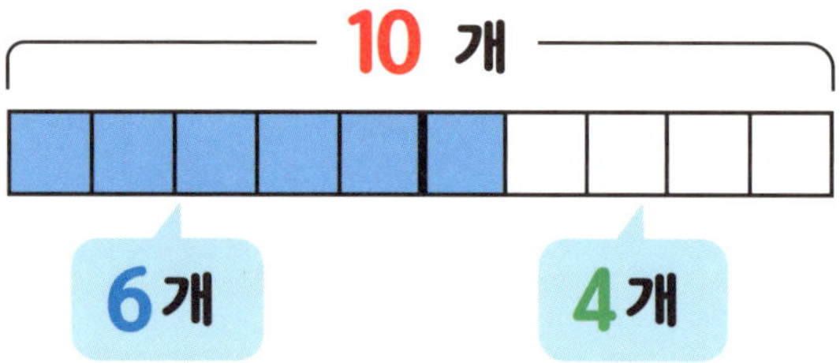

10개 / 6개 / 4개

10 → 6, 4

10은 6과 **4**

---

1 ☐에 알맞은 수를 쓰세요. ①~④ 10점 ⑤~⑧ 15점

① 10은 9와 ☐
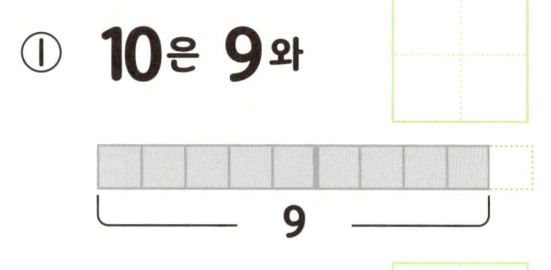

② 10은 5와 ☐
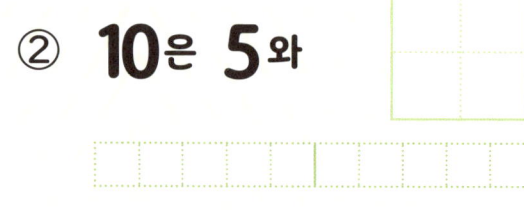

③ 10은 8과 ☐
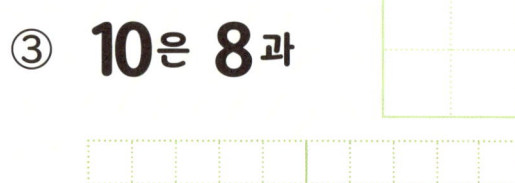

④ 10은 7과 ☐
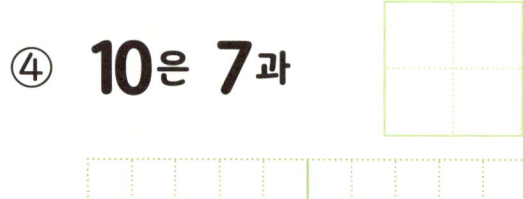

⑤ 10은 3과 ☐
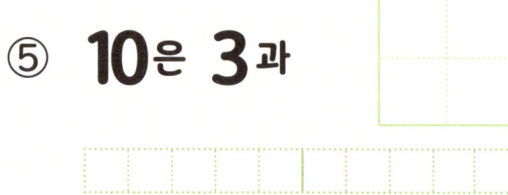

⑥ 10은 1과 ☐
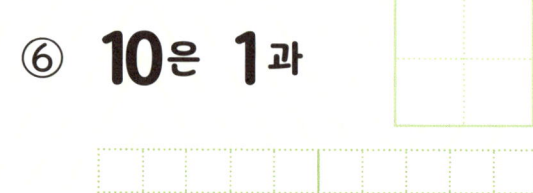

⑦ 10은 4와 ☐

⑧ 10은 2와 ☐
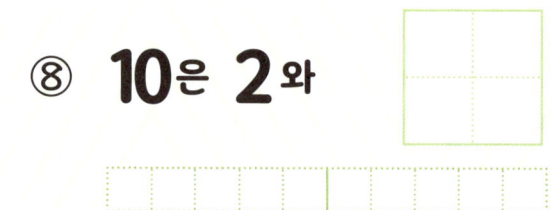

클리어한 날   월   일

배틀 10 0이라는 수

목표 15분

메탕을 잡아라!

메탕
철공포켓몬
타입▶강철・에스퍼
키▶0.6m
몸무게▶95.2kg

점
70점 이상이면 [클리어! 스티커]를 붙일 수 있어요!

시작하기 전에 읽어요!

토망열매가 2개 있어요. → 1개를 먹으면 1개. → 1개를 더 먹으면 0개.

없어졌네요.

영
0

아무것도 없는 수를 0이라 쓰고 영이라 읽어요.
0은 1보다도 작은 수예요.

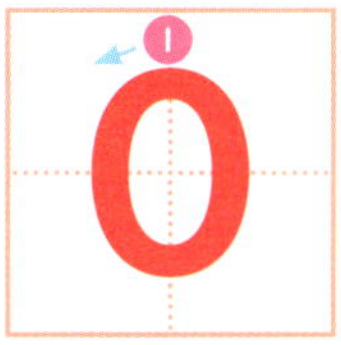

1. 포켓몬은 몇 마리 있을까요. □하나당 10점

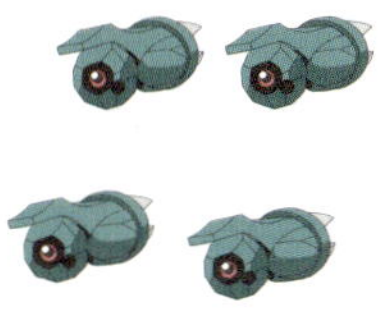

	비구술	코코파스	플러시	
마리	마리	마리	마리	마리

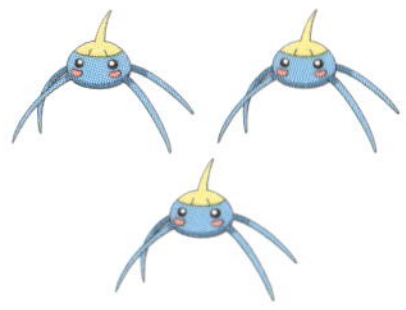

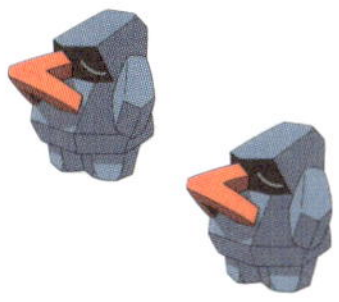

2. 블록의 수가 몇 개인지 빈칸에 쓰세요. □하나당 10점

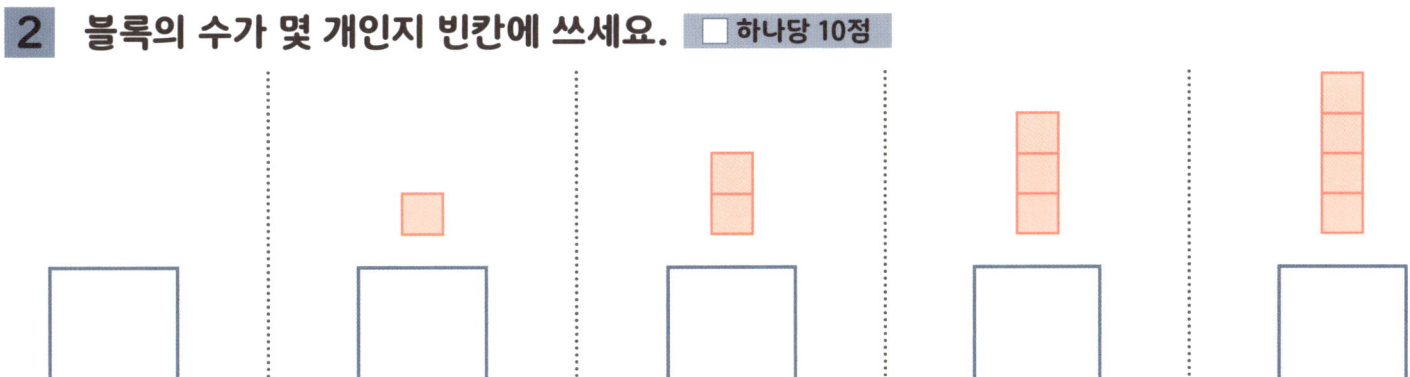

클리어한 날   월   일

배틀 ⑪ 수 비교하기

목표 20분

코코파스를 잡아라!

□ 점

50점 이상이면 [클리어! 스티커]를 붙일 수 있어요!

시작하기 전에 읽어요!

수를 알기 쉽게 정리해요.

복숭열매 / 오랭열매 / 자몽열매

종류 별로 정리해요.

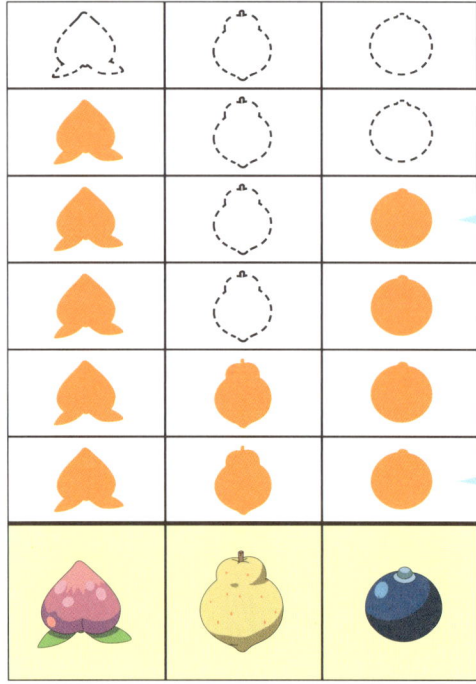

위의 그림에 🫐 표시를 하면서 열매 수만큼 색칠해요.

아래부터 색칠해요.

 복숭열매가 가장 많다는 것을 알 수 있어요.

코코파스
컴퍼스포켓몬
타입▶바위
키▶1.0m
몸무게▶97.0kg

정리를 하면 수의 차이를 쉽게 알 수 있어요.

▶다음 페이지에 계속

1 수를 알기 쉽게 정리해요. 하나당 25점

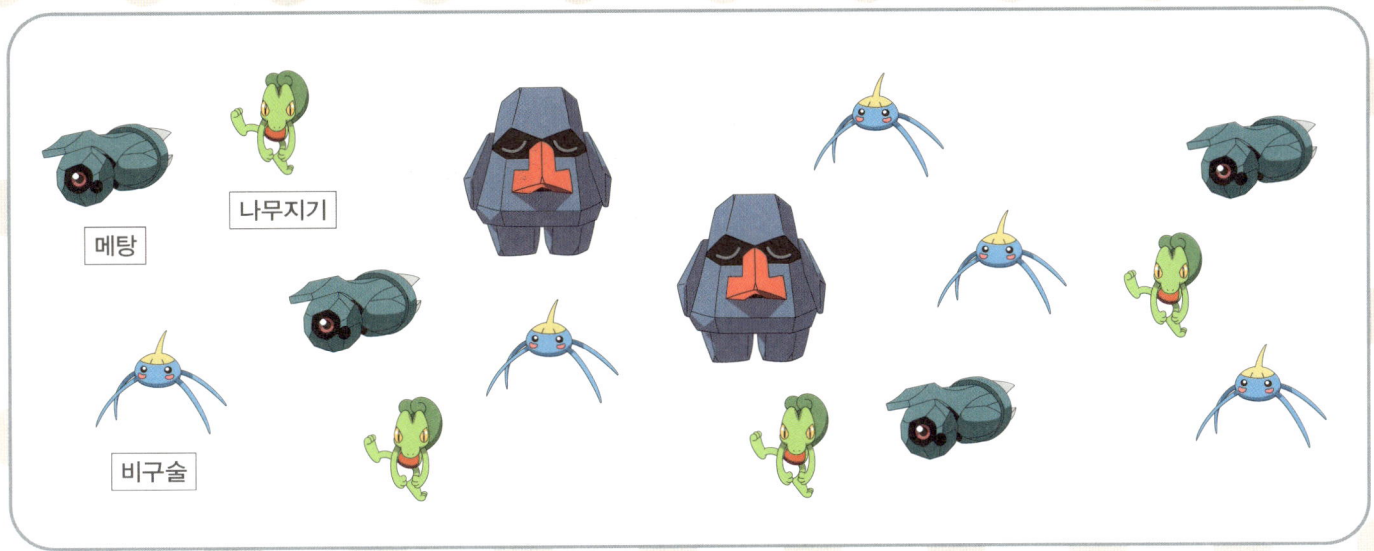

① 포켓몬의 수만큼 ◯를 색칠해요.

위의 그림에 하나씩 표시를 하면서 색칠해요.

② 가장 많은 포켓몬은 무엇일까요.

③ 가장 적은 포켓몬은 무엇일까요.

④ 메탕은 몇 마리 있나요.

마리

클리어한 날

월   일

배틀 12 · 20까지의 수

지그제구리(가라르의 모습)을 잡아라!

목표 20분

점
70점 이상이면 [클리어! 스티커]를 붙일 수 있어요!

지그제구리(가라르의 모습)
앙증너구리포켓몬
타입▶악·노말
키▶0.4m
몸무게▶17.5kg

시작하기 전에 읽어요!

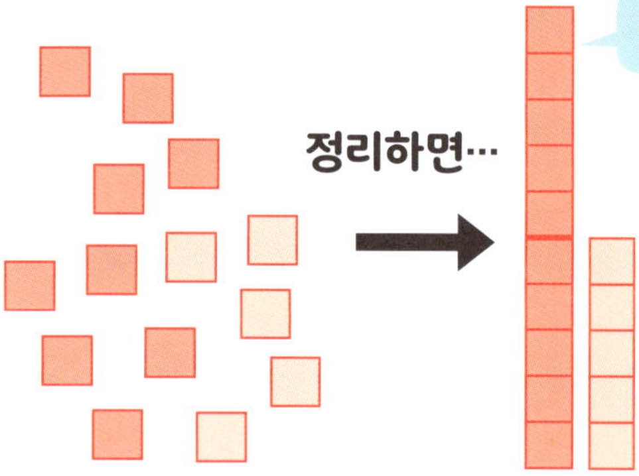

정리하면... → 십의 묶음

십의 묶음이 **1** 개, 일이 **5** 개 있어요.

이 수를 **15** 라 쓰고

십오라고 읽어요.

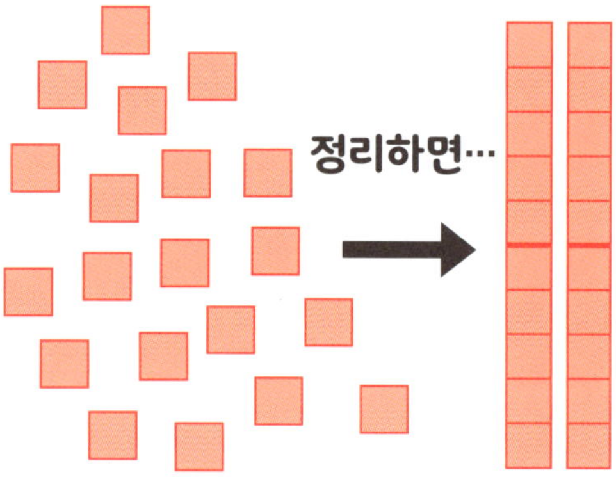

정리하면... →

십의 묶음이 **2** 개, 일이 **0** 개 있어요.

이 수를 **20** 이라 쓰고

이십이라고 읽어요.

---

1 소리 내 읽으면서 알맞은 수를 쓰세요. 하나당 5점

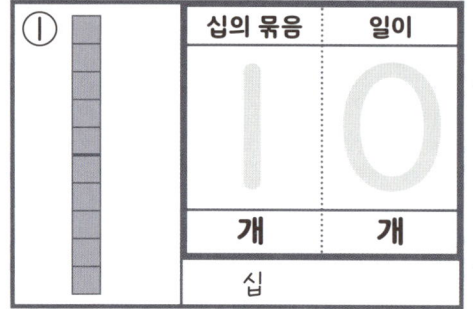

① 십의 묶음 1개, 일이 0개 — 십

② 십의 묶음 1개, 일이 1개 — 십일

③ 십의 묶음 □개, 일이 □개 — 십이

④ 십의 묶음 □개, 일이 □개 — 십삼

⑤ 십의 묶음 □개, 일이 □개 — 십사

⑥ 십의 묶음 □개, 일이 □개 — 십오

▶다음 페이지에 계속

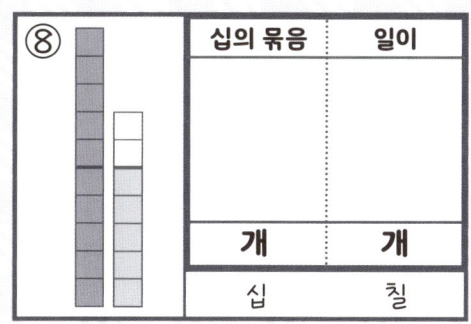

2 ☐에 알맞은 수를 쓰세요. 하나당 5점

① 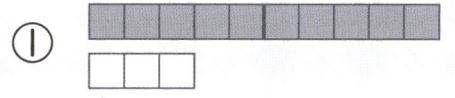  ②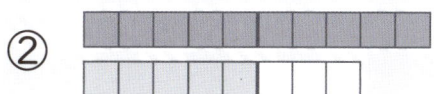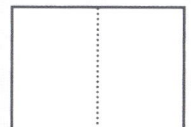

③ 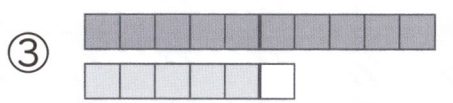  ④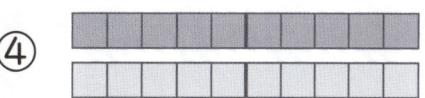

⑤ 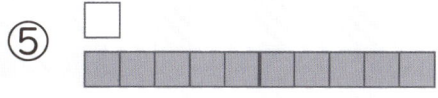  ⑥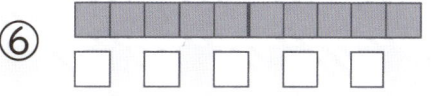

⑦ 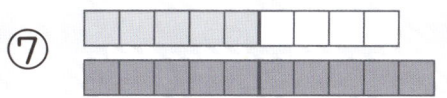  ⑧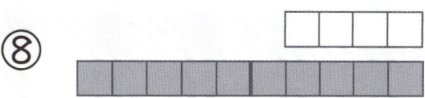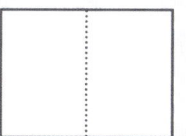

⑨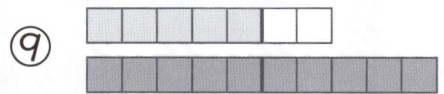

클리어한 날

월   일

배틀 13 몇 개와 몇 개 ④

누니머기를 잡아라!
목표 15분

누니머기
애벌레포켓몬
타입▶얼음·벌레
키▶0.3m
몸무게▶3.8kg

점
70점 이상이면
[클리어! 스티커]를
붙일 수 있어요!

시작하기 전에 읽어요!

10과 **5**면 **15**

10 5
 |
15

15는 **10**과 **5**

15
 |
10 5

---

1 ☐에 알맞은 수를 쓰세요. 한 문제당 10점

① **10**과 **2**면 ☐

② **10**과 **6**이면 ☐

③ **10**과 **1**이면 ☐

④ **10**과 **0**이면 ☐

⑤ ☐과 **3**이면 **13**

⑥ **17**은 **10**과 ☐

⑦ **14**는 **10**과 ☐

⑧ **18**은 **10**과 ☐

⑨ **20**은 **10**과 ☐

⑩ **15**는 ☐과 **5**

클리어한 날
　　　월　　　일

꼬지지를 잡아라!
몇 개 있을까 ❸

꼬지지
분재포켓몬
타입 ▶ 바위
키 ▶ 0.5m
몸무게 ▶ 15.0kg

점

60점 이상이면 [클리어! 스티커]를 붙일 수 있어요!

1 몇 개 있는지 세서 □에 알맞은 수를 쓰세요. 한 문제당 10점

①    □

②    □

③ 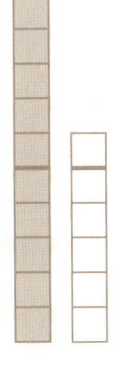   □

④ [10] [10]   □

2 열매의 수를 세어 보세요. 한 문제당 20점

①    □ 개

② (오랭열매 접시)   □ 개

10과 몇 개인지 주의해서 세어 보세요!

③    □ 개

클리어한 날   월   일

배틀 15 수의 크기 비교 ②

시마사리를 잡아라!
목표 20분

70점 이상이면 [클리어! 스티커]를 붙일 수 있어요.

시마사리
깨비사리포켓몬
타입 ▶ 독·물
키 ▶ 0.4m
몸무게 ▶ 8.0kg

시작하기 전에 읽어요!

수의 선으로 수의 크기를 비교해요.

왼쪽 작다 ─────────► 크다 오른쪽

오른쪽으로 갈수록 수가 커져요.

문제 5와 3 중에서 무엇이 큰 수일까요.

수의 선을 보면 5는 3보다 오른쪽에 있어요.

정답: **5**

---

1 수의 선 □ 에 알맞은 수를 쓰세요. 하나당 10점

0 1 □ 3 4 5 □ 7

▶ 다음 페이지에 계속

2 수의 선을 보고 대답하세요. 한 문제당 10점

```
0  1  2  3  4  5  6  7  8  9  10  11  12  13  14
```

① 4와 9 중에서 무엇이 큰 수일까요.

② 11과 8 중에서 무엇이 큰 수일까요.

③ 3과 7 중에서 무엇이 작은 수일까요.

④ 13과 10 중에서 무엇이 작은 수일까요.

3 수가 큰 쪽에 ○ 표시를 하세요. 한 문제당 10점

① 5 , 10   ② 2 , 0

③ 7 , 12   ④ 13 , 14

배틀 16 ●보다 □ 큰 수, 작은 수 ①

목표 15분 | 따라큐를 잡아라!

점 | 50점 이상이면 [클리어! 스티커]를 붙일 수 있어요!

시작하기 전에 읽어요!

10보다 큰 수의 선을 알아봐요.

따라큐(둔갑한 모습)
탈포켓몬
타입 ▶ 고스트·페어리
키 ▶ 0.2m
몸무게 ▶ 0.7kg

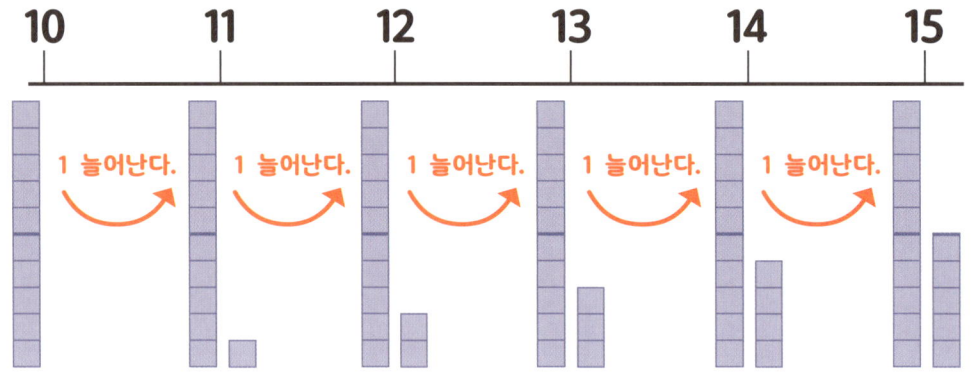

| 문제 | 11보다 2 큰 수는 몇 개일까요. | 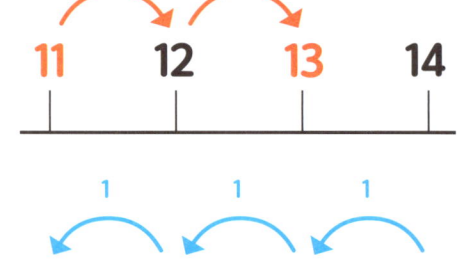 | 정답  |

| 문제 | 14보다 3 작은 수는 몇 개일까요. | 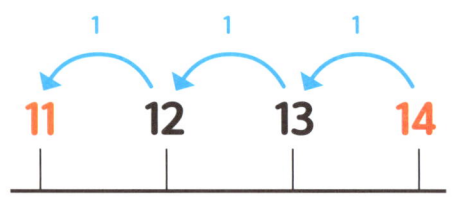 | 정답  |

---

1 다음 수를 답해 보세요. 한 문제당 25점

① 12보다 2 큰 수

② 15보다 5 큰 수

③ 18보다 3 작은 수

④ 20보다 7 작은 수

클리어한 날
월   일

더시마사리를 잡아라!
몇 번째일까

목표 20분

점

70점 이상이면 [클리어! 스티커]를 붙일 수 있어요!

더시마사리
깨비사리포켓몬
타입▶독·물
키▶0.7m
몸무게▶14.5kg

시작하기 전에 읽어요!

문제 왼쪽에서 몇 개와 몇 번째인지 답하세요.

왼쪽에서 4개   [정답]

왼쪽 1 2 3 4   오른쪽

정답 [4개]일 경우, 4개 전부예요.

슈퍼볼

왼쪽에서 4번째

왼쪽 1 2 3 4   오른쪽

[4번째]일 경우, 1개뿐이에요.

---

1 ○으로 묶어요. 한 문제당 10점

① 왼쪽에서 3개

오랭열매

왼쪽 1 2 3   오른쪽

② 오른쪽에서 2개

                    2 1

③ 왼쪽에서 4번째

④ 오른쪽에서 5번째

▶다음 페이지에 계속

2 🚗를 색칠해요. 한 문제당 10점

① 앞에서 3대

앞  뒤

② 앞에서 5번째

앞  뒤

③ 뒤에서 4대

앞  뒤

3 몇 번째인지 답하세요. 한 문제당 10점

위

따라큐(둔갑한 모습)

더시마사리

짜랑꼬

자말라

시마사리

밑

① 더시마사리는 위에서 ☐ 번째예요.

② 더시마사리는 밑에서 ☐ 번째예요.

③ 시마사리는 밑에서 ☐ 번째예요.

클리어한 날   월   일

배틀 18 배틀 1~17 정리

철화구야를 잡아라!
목표 20분

□ 점
70점 이상이면 [클리어! 스티커]를 붙일 수 있어요!

1 몇 개 있는지 세어서 □에 알맞은 수를 쓰세요. 한 문제당 5점

①  □
②  □
③ 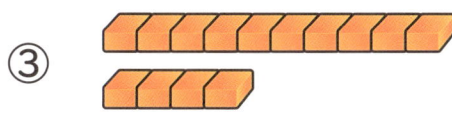 □
④ 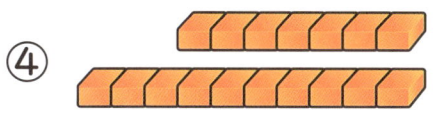 □
⑤  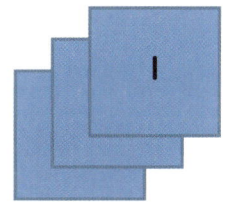 □
⑥   □

2 수의 선을 보고 답하세요. 한 문제당 15점

7 8 9 10 11 12

① 12와 10 중에서 큰 수. □

② 7보다 4 큰 수. □

3 ○으로 표시해요. 한 문제당 10점

① 왼쪽에서 2번째

몬스터볼

② 오른쪽에서 3개

복숭열매

▶다음 페이지에 계속

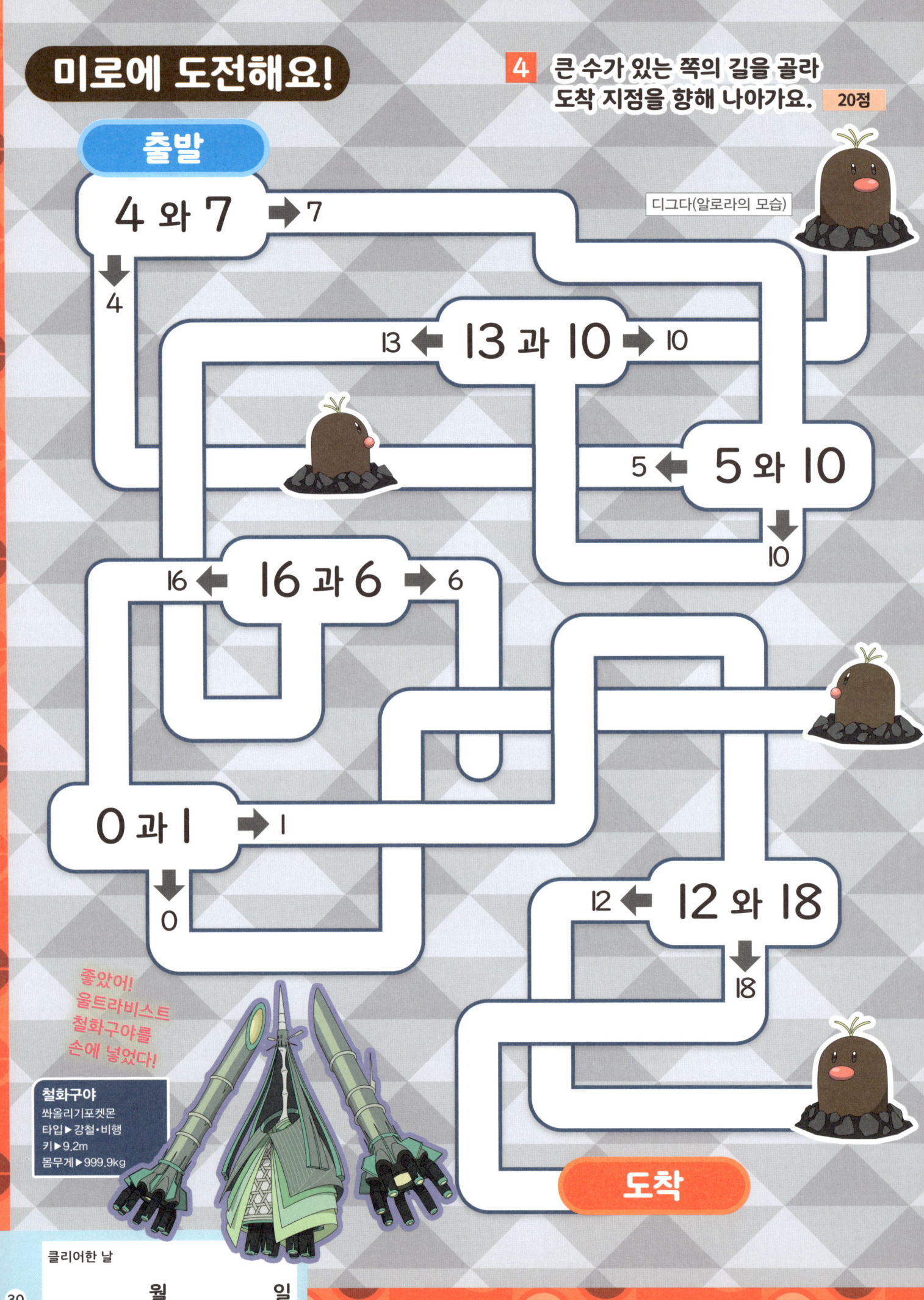

배틀 19 (목표 20분)

파오리(가라르의 모습)를 잡아라!
99까지의 수

점

70점 이상이면 [클리어! 스티커]를 붙일 수 있어요!

시작하기 전에 읽어요!

99까지의 수를 쓰는 법과 읽는 법을 익혀요.

【십의 묶음이 **2**개, 일이 **5**개】

십의 자리	일의 자리
2	5
이십	오

쓰는 법 ➡
읽는 법 ➡

십의 자리는 십의 묶음이 몇 개인지를 표시한 것이에요.

【십의 묶음이 **5**개, 일이 **2**개】

십의 자리	일의 자리
5	2
오십	이

쓰는 법 ➡
읽는 법 ➡

2와 5의 순서가 달라지면 수의 크기도 달라져요.

특별한 수를 읽는 법을 익혀요.

십의 자리	일의 자리
3	0
삼십	~~영~~

십의 묶음이 **3**개, 일이 **0**개로 삼십 이라 읽어요.

일의 자리 영은 읽지 않아요.

십의 자리	일의 자리
1	6
~~일십~~	육

십의 묶음이 **1**개, 일이 **6**개로 십육 이라 읽어요.

십의 자리의 일은 읽지 않아요.

파오리 (가라르의 모습)
청둥오리포켓몬
타입▶격투
키▶0.8m
몸무게▶42.0kg

▶다음 페이지에 계속

1 다음 수를 숫자로 쓰세요. 한 문제당 10점

①

십의 자리	일의 자리

②

십의 자리	일의 자리

③

십의 자리	일의 자리

④ 십팔

십의 자리	일의 자리

⑤ 오십이

십의 자리	일의 자리

⑥ 구십구

십의 자리	일의 자리

2 □에 알맞은 수를 쓰세요. ①~④ 10점

① 27은 10이 ☐ 개, 1이 ☐ 개.

② 51은 10이 ☐ 개, 1이 ☐ 개.

③ 10이 4개로 ☐ , 1이 9개로 ☐ , 40과 9로 ☐ .

④ 83이 십의 자리 숫자는 ☐ , 일의 자리 숫자는 ☐ .

창파나이트

파오리(가라르의 모습)가 진화한 모습.
배틀 43에서 손에 넣어요!

몇 개 있을까 ④

배틀 20 / 목표 15분

직구리(가라르의 모습)를 잡아라!

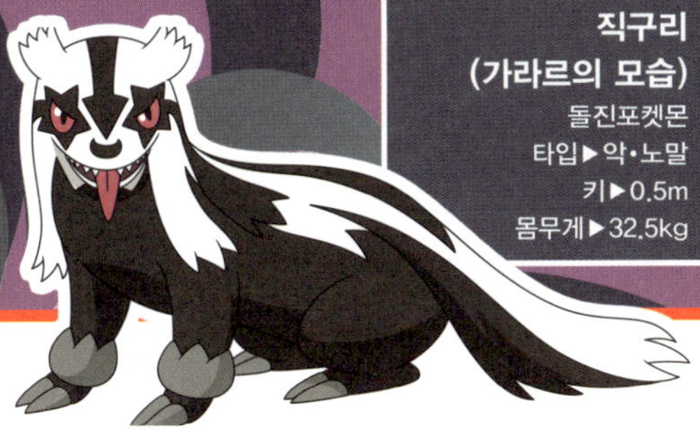

직구리 (가라르의 모습)
돌진포켓몬
타입 ▶ 악·노말
키 ▶ 0.5m
몸무게 ▶ 32.5kg

점
60점 이상이면 [클리어! 스티커]를 붙일 수 있어요!

시작하기 전에 읽어요!

문제 나무열매의 수를 세어요.

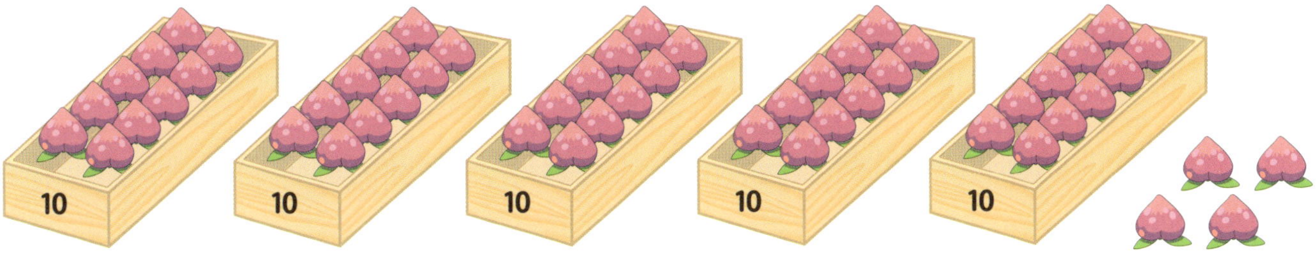

복숭열매

10개짜리 상자 **5**개와 → **50** 과

1개짜리가 **4**개 → **4**

정답 **5 | 4**

---

1 몇 개가 있는지 세어서 ☐에 알맞은 수를 쓰세요. 한 문제당 20점

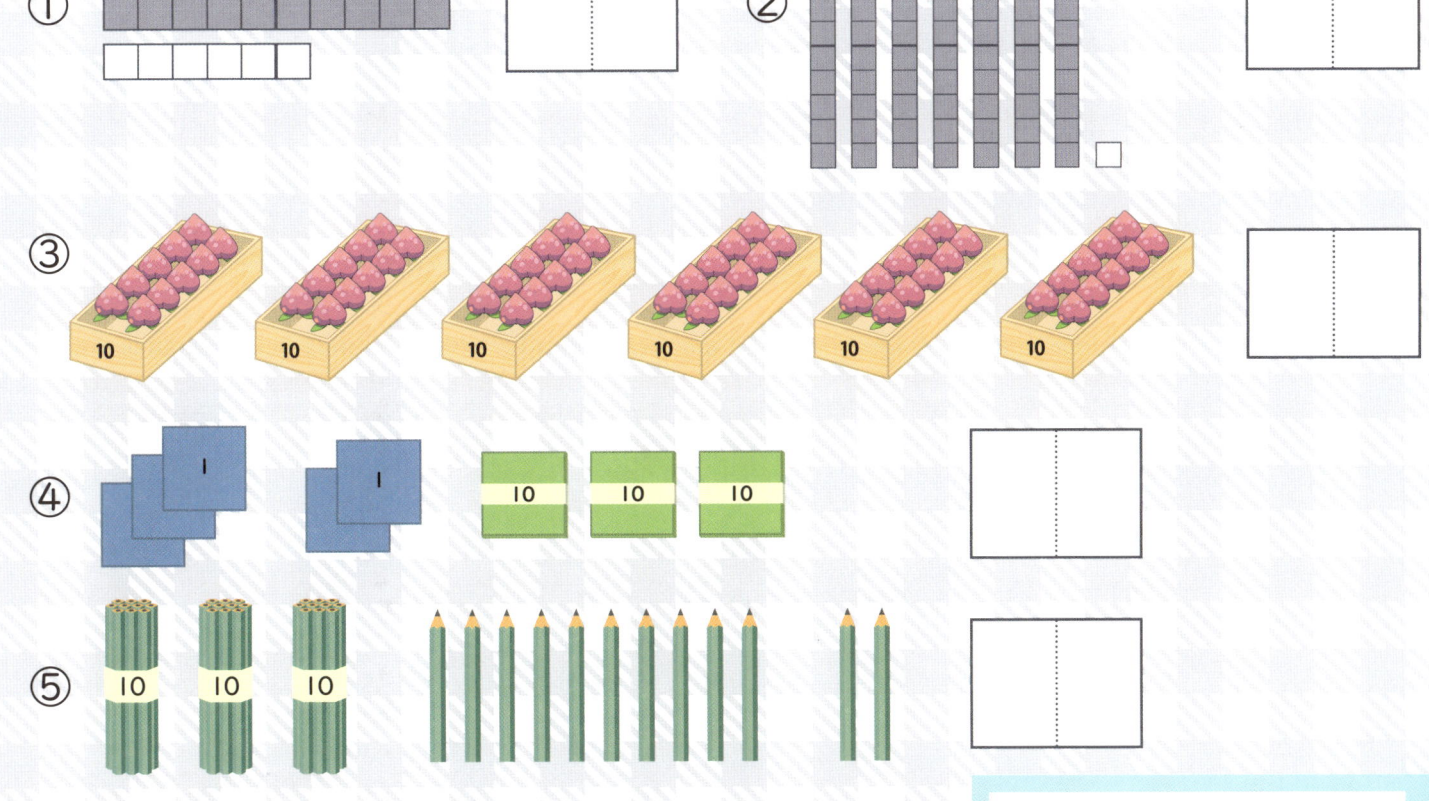

클리어한 날   월   일

배틀 21 수의 크기 비교 ③

앗차프를 잡아라!
목표 15분

점
60점 이상이면 [클리어! 스티커]를 붙일 수 있어요!

앗차프
물뿌리기포켓몬
타입▶물
키▶0.6m
몸무게▶13.5kg

시작하기 전에 읽어요!

문제 26과 31은 어느 쪽이 큰 수일까요.

십의 자리	일의 자리
▮▮	▮
2	6

십의 자리	일의 자리
▮▮▮	▫
3	1

십의 묶음이 클수록 큰 수니까,
큰 자리(십의 자리)의 **수부터 비교해요.**

26 31
2보다 **3**이 더 크다.

정답 → 31이 더 크다.

---

1 큰 수에 ○ 표시를 해요. ①~④ 15점 ⑤⑥ 20점

① 50 , 60   ② 47 , 97

③ 72 , 64   ④ 38 , 40

⑤ 25 , 20   ⑥ 87 , 86

십의 자리가 같을 때는 일의 자리로 비교해요.

클리어한 날   월   일

배틀 22 ●보다 □ 큰 수, 작은 수 ②

비구슬을 잡아라!

목표 15분

점
60점 이상이면 [클리어! 스티커]를 붙일 수 있어요!

비구슬
소금쟁이포켓몬
타입▶벌레·물
키▶0.5m
몸무게▶1.7kg

시작하기 전에 읽어요!

수의 선을 보고 답하세요.

문제 30보다 3 큰 수는 무엇일까요.

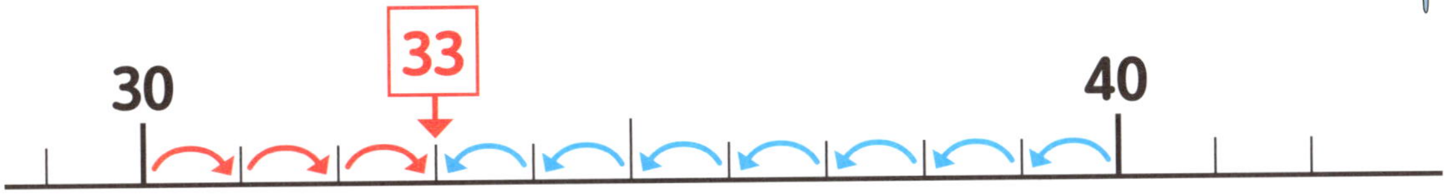

정답 33

33은 40보다 7 작은 수예요.

---

1 □에 알맞은 수를 쓰세요. ①~⑤ 20점

① [ ]

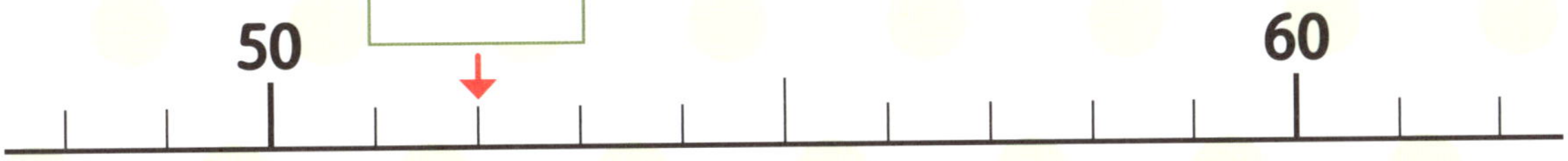

② 50보다 5 큰 수는 [ ] 입니다.

③ 60보다 1 작은 수는 [ ] 입니다.

④ 56은 50보다 [ ] 크고, 60보다 [ ] 작은 수입니다.

⑤ 49는 50보다 [ ] 작고, 60보다 [ ] 작은 수입니다.

클리어한 날 월 일

수의 배열법

총어를 잡아라!

60점 이상이면 [클리어! 스티커]를 붙일 수 있어요!

시작하기 전에 읽어요!

문제 수의 배열법을 보고 □에 알맞은 수를 쓰세요.

69보다 1 큰 수니까, **정답** **70**

30보다 10 큰 수니까, **정답** **40**

십의 자리 수가 하나씩 늘어나는 것으로도 답을 찾을 수 있어요.

총어
분사포켓몬
타입▶물
키▶0.6m
몸무게▶12.0kg

---

1 □에 알맞은 수를 쓰세요. ①② 10점

▶다음 페이지에 계속

2 ☐에 알맞은 수를 쓰세요. ①② 10점

① —[26]—[24]—[22]—[ ]—[18]—[ ]—

② —[5]—[ ]—[15]—[20]—[25]—[ ]—

3 아래 수의 배열법을 보고 답하세요. ①~③ 20점

0	1	2	3	4	5	6	7	8	9
10	11	12	13	14		16	17	18	19
20	21	22	23		A		27	28	29
30	31	32	33	34		36	37	38	39
40	41	42	43	44	45	46	47	48	49

① 일의 자리가 2인 수를 모두 ○로 묶어요.

② ☐로 묶은 수는 밑으로 갈수록 몇 개씩 커지나요.

[ ] 씩 커진다.

③ Ⓐ에 들어가는 수를 답하세요. [ ]

위와 아래, 오른쪽과 왼쪽 수도 답해 볼까요?

클리어한 날
월   일

냄새꼬를 잡아라!
99보다 큰 수

냄새꼬
잡초포켓몬
타입 ▶ 풀·독
키 ▶ 0.8m
몸무게 ▶ 8.6kg

점
65점 이상이면 [클리어! 스티커]를 붙일 수 있어요!

시작하기 전에 읽어요!

99보다 1 큰 수를 알아보세요.

십의 묶음이 9개, 일이 9개.   십의 묶음이 10개가 됩니다.   백의 묶음 1개로 생각하면 계산하기 편리해요.

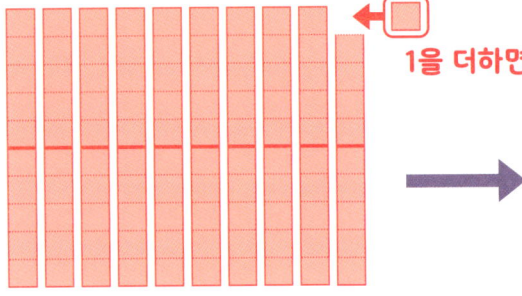

1을 더하면 →

십의 자리	일의 자리
9	9

이 수를 **백**이라 하고, **100**이라고 써요.

99보다 큰 수를 쓰는 법을 익혀요.

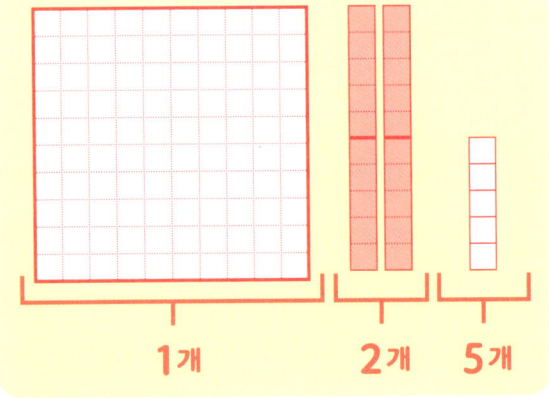

1개 2개 5개

백이 **1**개, 십이 **2**개, 일이 **5**개.
이 수를 **125**라고 쓰고,
백이십오라고 읽어요.

백은

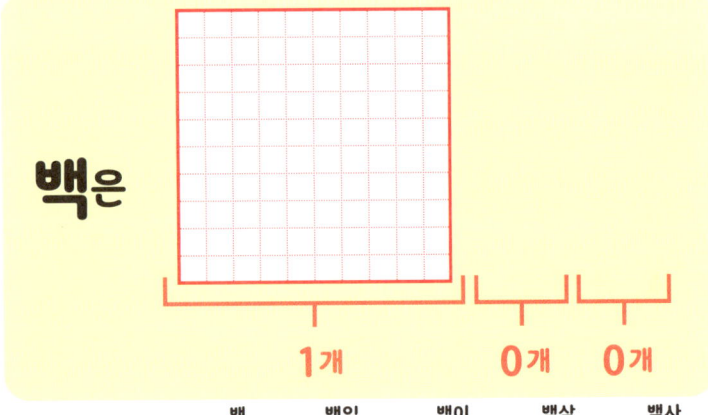

1개 0개 0개

백이 **1**개, 십이 **0**개,
일이 **0**개라
100이라고 써요.

읽는 법	백	백일	백이	백삼	백사	백오	백육	백칠
	100	101	102	103	104	105	106	107
	백팔	백구	백십	백십일	백십이	백십삼	백십사	백십오
	108	109	110	111	112	113	114	115 ……

▶ 다음 페이지에 계속

1 ☐에 알맞은 수를 쓰세요. 한 문제당 15점

①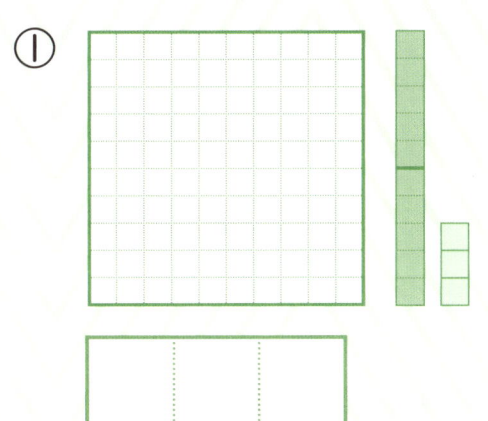

②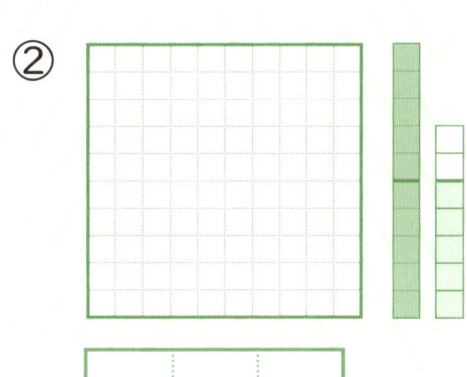

③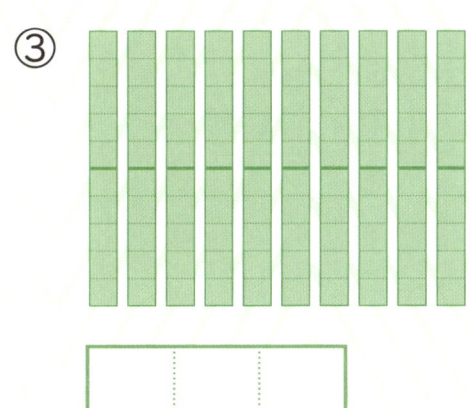

④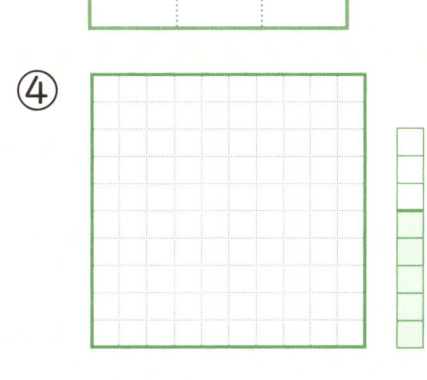

⑤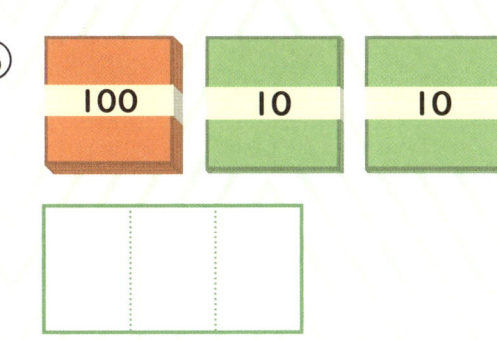

⑥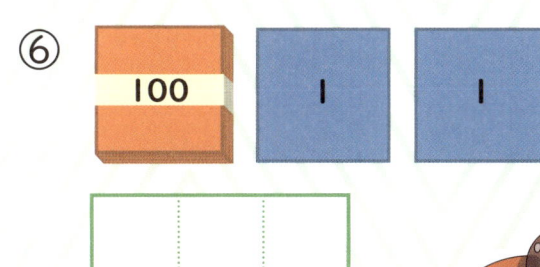

뚜벅쵸
냄새꼬는 뚜벅쵸가 진화한 모습.

2 ☐에 알맞은 수를 쓰세요. 한 문제당 5점

① — 99 — ☐ — 101 — 102 —

② — 116 — 117 — ☐ — 119 —

클리어한 날
월   일

리자몽을 잡아라!

배틀 ⑲~㉔ 정리

점

70점 이상이면 [클리어! 스티커]를 붙일 수 있어요!

1 ☐에 알맞은 수를 쓰세요. ①② 5점

① 92는, 10이 ☐ 개, 1이 ☐ 개.

② 105는, 100이 ☐ 개, 1이 ☐ 개.

2 ☐에 알맞은 수를 쓰세요. 한 문제당 10점

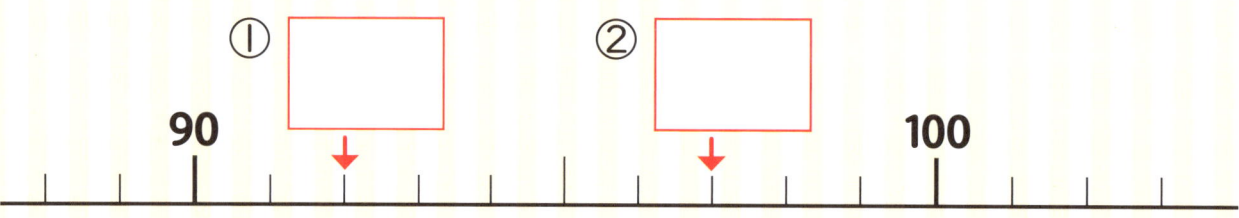

③ 100보다 1 큰 수는 ☐ 이에요.

④ 90보다 1 작은 수는 ☐ 이에요.

3 큰 수를 ○로 표시해요. 한 문제당 5점

① 33 , 51   ② 80 , 45

③ 100 , 99   ④ 61 , 64

리자몽
화염포켓몬
타입▶불꽃·비행
키▶1.7m
몸무게▶90.5kg

4 아래 숫자를 작은 순서대로 쓰세요. 10점

50 , 32 , 103 , 97   ☐ , ☐ , ☐ , ☐

▶다음 페이지에 계속

어느 포켓몬이 더 많을까?

마친 후, [미니 게임 스티커]를 붙여요!

문제 포켓몬의 수를 세어 보세요.

나오하
풀고양이포켓몬
타입 ▶ 풀
키 ▶ 0.4m
몸무게 ▶ 4.1kg

☐ 마리

뜨아거
불꽃악어포켓몬
타입 ▶ 불꽃
키 ▶ 0.4m
몸무게 ▶ 9.8kg

☐ 마리

꾸왁스
꼬마오리포켓몬
타입 ▶ 물
키 ▶ 0.5m
몸무게 ▶ 6.1kg

☐ 마리

가장 수가 많은 포켓몬은 ☐ 입니다.   가장 수가 적은 포켓몬은 ☐ 입니다.

클리어한 날   월   일

기어르를 잡아라!

길이 비교 ①

점

60점 이상이면 [클리어! 스티커]를 붙일 수 있어요!

기어르
톱니바퀴포켓몬
타입 ▶ 강철
키 ▶ 0.3m
몸무게 ▶ 21.0kg

시작하기 전에 읽어요!

길이를 비교하는 방법을 익혀요.

끝을 맞춰 비교한다.

위의 연필이 더 길다.

×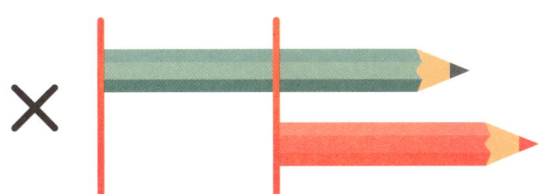

끝을 맞추지 않으면 어느 쪽이 긴지 알 수 없어요.

잘 펴서 비교한다.

아래 테이프가 더 길다.

×

굽어 있으면 어느 쪽이 긴지 알 수 없어요.

세로와 가로를 겹친다.

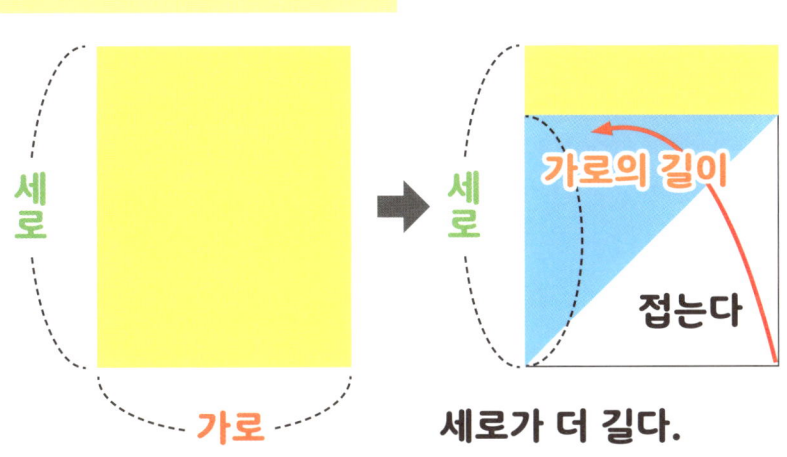

세로가 더 길다.

×

세로와 가로를 정확히 겹치지 않으면 어느 쪽이 더 긴지 알 수 없어요.

▶다음 페이지에 계속

1 긴 쪽에 ○ 표시 하세요. 한 문제당 10점

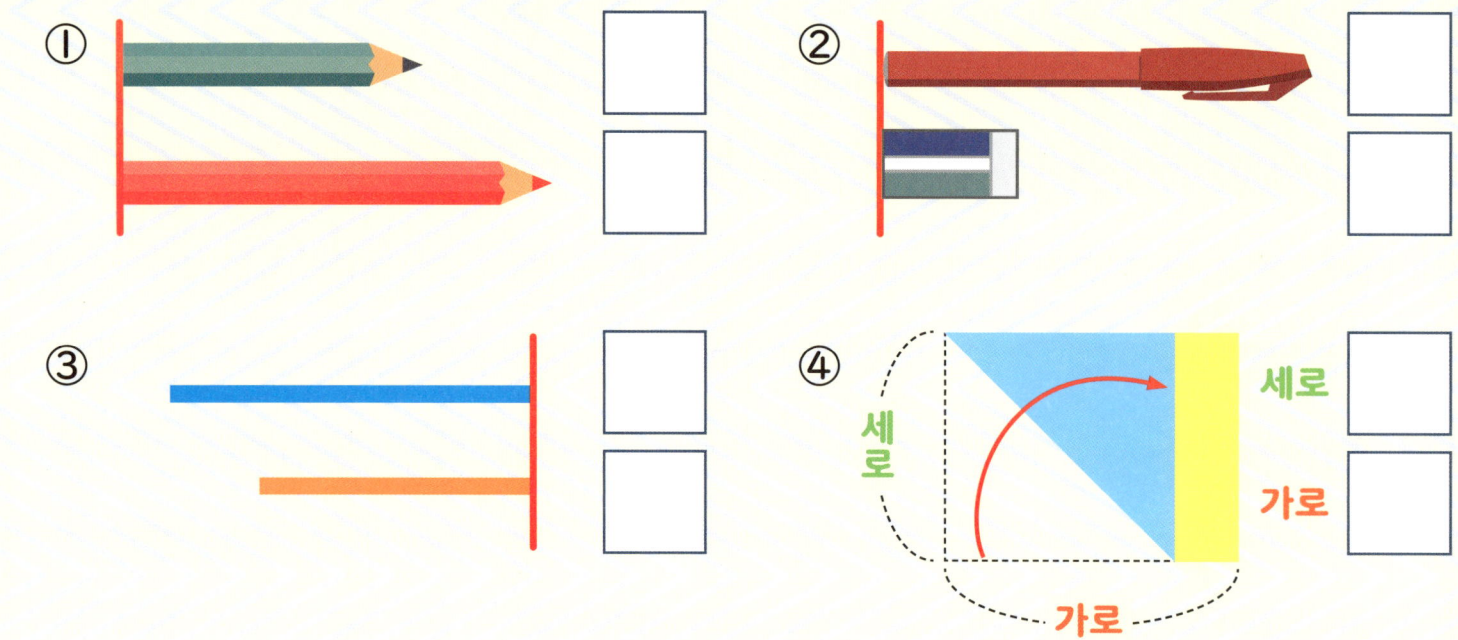

2 길이를 비교할 수 있는 것에는 ○를, 비교할 수 없는 것에는 X 표시를 하세요.
한 문제당 15점

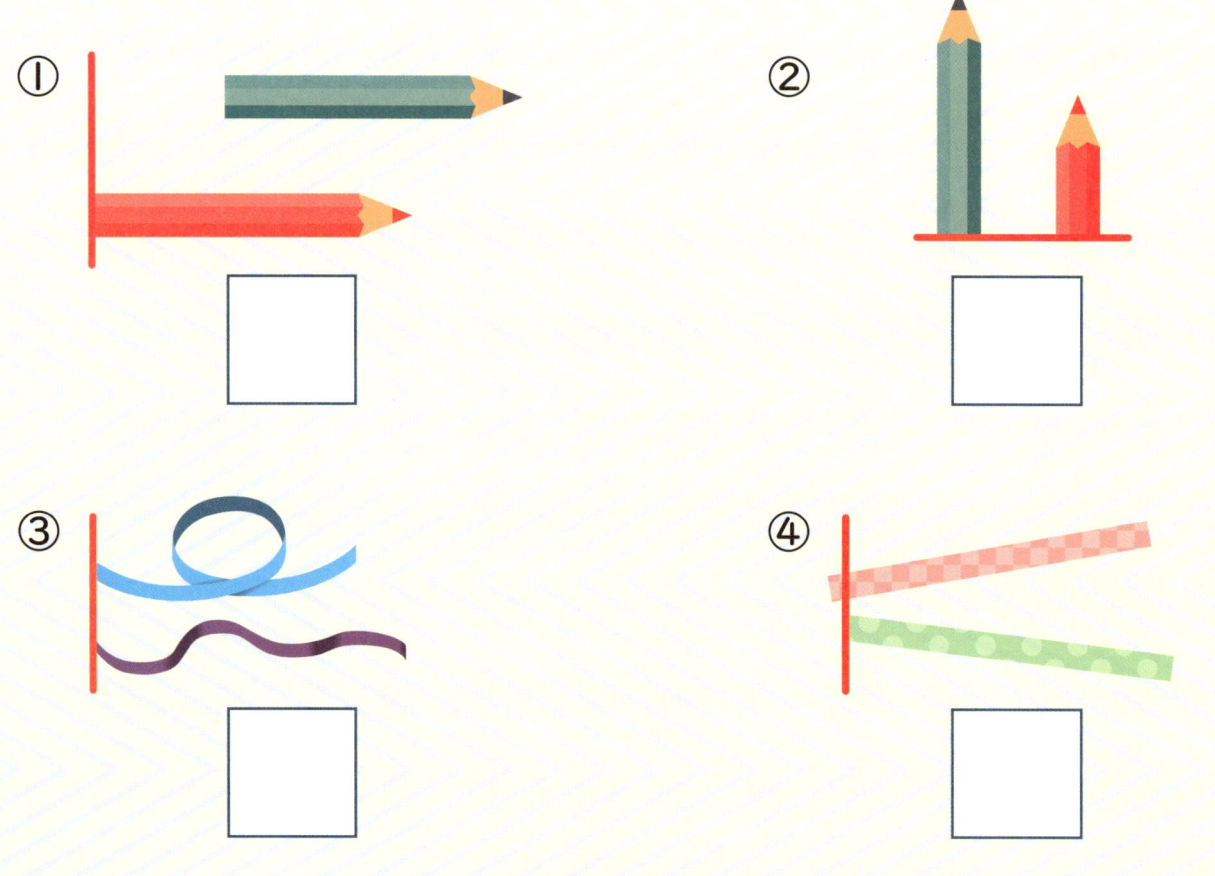

클리어한 날

월   일

크리만을 잡아라!

길이 비교 ❷

목표 15분

점

60점 이상이면 [클리어! 스티커]를 붙일 수 있어요!

크리만
동굴포켓몬
타입 ▶ 드래곤
키 ▶ 1.6m
몸무게 ▶ 139.0kg

시작하기 전에 읽어요!

펜을 이용해 길이를 비교해요.

문제 필통의 세로와 가로 길이를 비교해요.

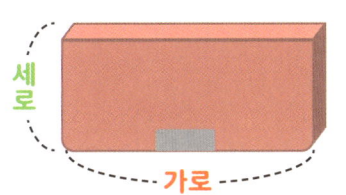

필통은 겹쳐서 접을 수 없어요.

펜을 이용해 비교해 보세요!

펜과 세로의 길이를 비교해요.

펜과 가로의 길이를 비교해요.

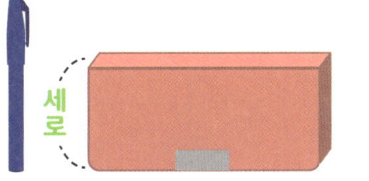

➡

정답

세로보다 가로가 더 길다.

세로의 길이는 펜보다 짧아요.

가로의 길이는 펜보다 길어요.

---

1 리모컨의 세로와 가로 길이를 펜을 이용해 비교해요.
긴 쪽에 ○ 표시를 하세요. ①② 30점 ③ 40점

①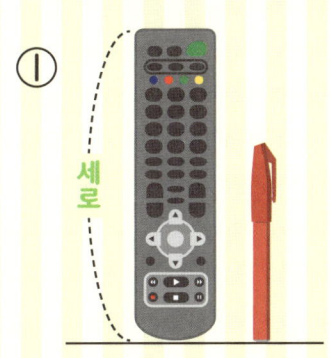

세로 ☐   펜 ☐

②

가로 ☐   펜 ☐

③ 리모컨의 세로 ☐

리모컨의 가로 ☐

클리어한 날
월   일

마이농을 잡아라!

길이 비교 ③

점

60점 이상이면 [클리어! 스티커]를 붙일 수 있어요!

마이농
응원포켓몬
타입 ▶ 전기
키 ▶ 0.4m
몸무게 ▶ 4.2kg

시작하기 전에 읽어요!

테이프를 이용해 길이를 비교해요.

테이프를 대고 같은 길이 부분에 표시를 해요.

→ 표시된 길이를 비교해요.

텔레비전의 가로   소파의 폭   [폭]은 가로의 길이에요.

소파의 가로가 더 길어요.

1 다양한 물건과 같은 길이로 자른 테이프를 보고 답하세요.
①② 30점 ③ 40점

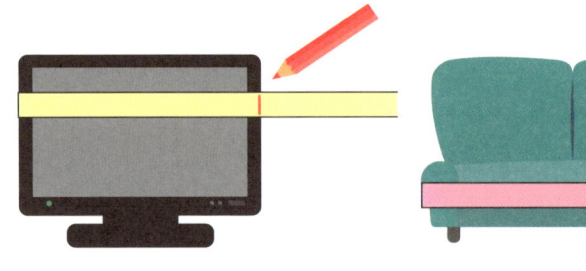

의자의 폭
책상의 폭
공책의 세로
상자의 가로

표시한 후 잘랐어요.

① 가장 긴 것은 무엇일까요.

② 가장 짧은 것은 무엇일까요.

③ 의자의 폭과 상자의 가로 중에서 어느 것이 길까요.

클리어한 날   월   일

배틀 29 목표 20분

메탕구를 잡아라!

길이 비교 ④

메탕구
철발톱포켓몬
타입 ▶ 강철·에스퍼
키 ▶ 1.2m
몸무게 ▶ 202.5kg

점

60점 이상이면
[클리어! 스티커]를
붙일 수 있어요!

시작하기 전에 읽어요!

몇 개만큼의 길이인지 알아보고 비교해요.

몬스터볼
3개
4개

3개와 4개일 경우
4개가 더 길어요.

같은 물건을 나란히 놓았을 경우, 수가 많은 쪽이 더 길어요.

문제 블록을 이용해서 지우개와 가위의 길이를 비교하세요.

지우개 — 블록 2개 길이
가위 — 블록 5개 길이

➡ 블록 5개인 쪽이 더 기니까

정답 가위가 더 길다.

주의

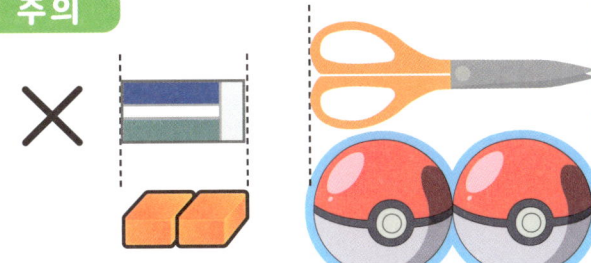

🟧 와 🔴 은 다른 물건이라 수의 크기로 비교할 수 없어요.

둘 다 2개지만 길이는 같지 않아요.

▶ 다음 페이지에 계속

1 긴 쪽에 ○ 표시를 하세요. 한 문제당 10점

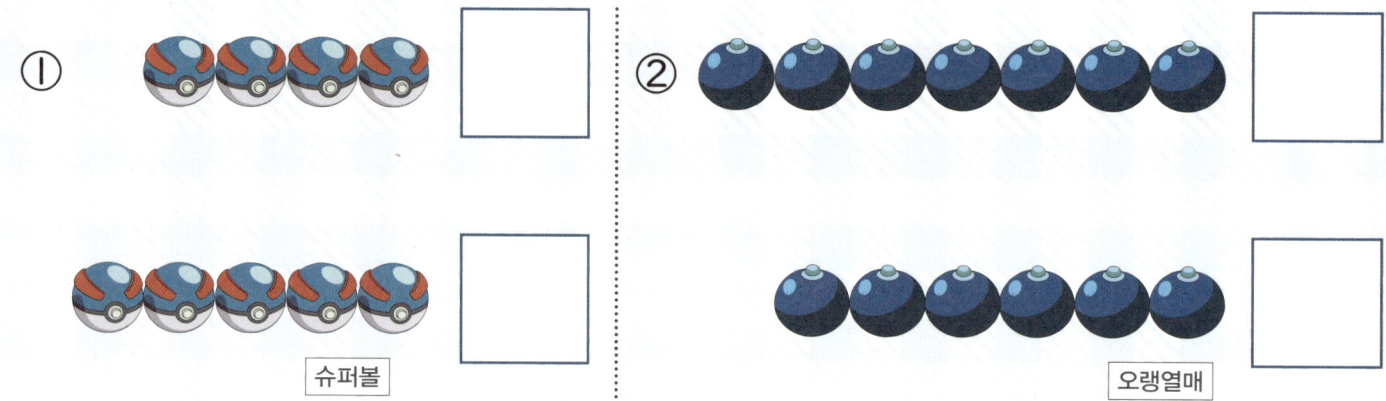

2 길이를 비교해요. ①② 20점 ③ 40점

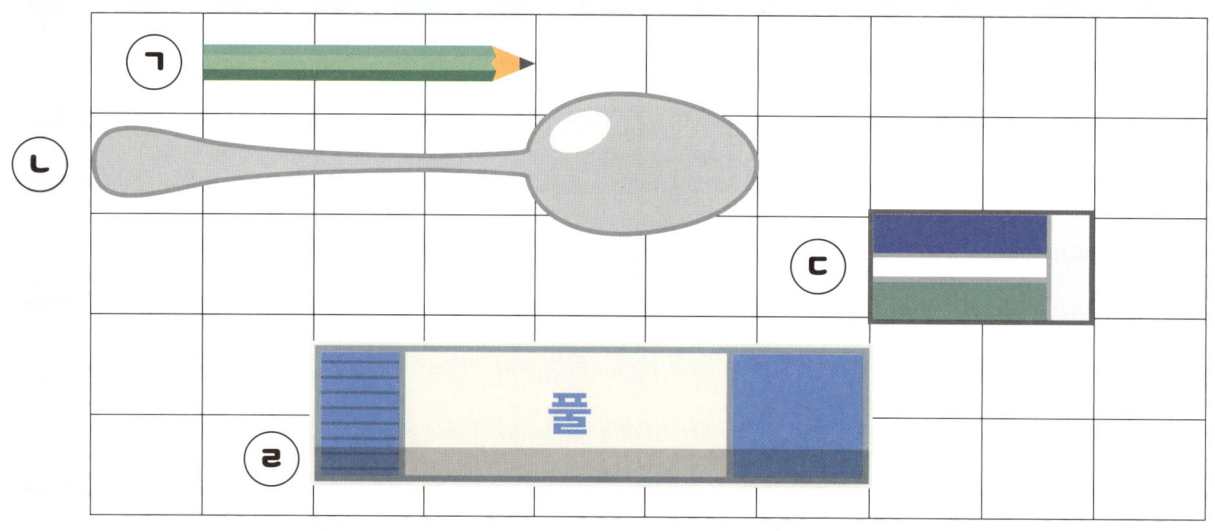

① ㄱ 의 길이는 칸으로 몇 개인가요. ☐ 개

② 가장 긴 것은 ㄱ ~ ㄹ 중 무엇인가요. ☐

③ ㄱ과 ㄹ은 어느 쪽이 칸 몇 개만큼 긴가요.

☐ 이 칸 ☐ 개만큼 길다.

대포무노를 잡아라!

부피 비교 ①

점

60점 이상이면 [클리어! 스티커]를 붙일 수 있어요!

대포무노
분사포켓몬
타입▶물
키▶0.9m
몸무게▶28.5kg

시작하기 전에 읽어요!

문제 물을 많이 담을 수 있는 것은 어느 쪽 그릇일까요.

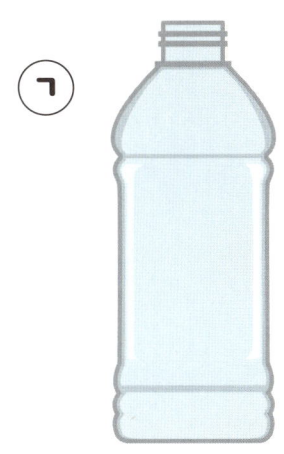

ㄱ

ㄴ

총어

대포무노는 총어가 진화한 모습

그릇에 물을 옮겨 담아 비교해요.

① ㄱ에 가득 물을 붓는다.

② 물을 ㄴ으로 옮긴다.

ㄴ에 더 넣을 수 있으니

정답

ㄴ이 더 많이 담을 수 있다.

ㄱ에 물이 남았으니

정답

ㄱ이 더 많이 담을 수 있다.

▶다음 페이지에 계속

1 담기는 물이 많은 쪽 ☐에 ○ 표시를 해요. 한 문제당 20점

① ㉠에 가득 물을 담고, ㉡으로 옮겼어요.

㉠ ☐   ㉡ ☐

② ㉢에 가득 물을 담고, ㉣로 옮겼어요.

㉢ ☐   ㉣ ☐

2 ㉠, ㉡, ㉢ 3종류의 잔에 담기는 물의 양을 비교했어요. 한 문제당 20점

㉠에 가득 물을 담고, ㉡으로 옮겼어요.

㉠에 가득 물을 담고, ㉢으로 옮겼어요.

㉡에 가득 물을 담고 ㉢으로 옮겼어요.

① ㉠과 ㉡ 중 어느 쪽에 더 많은 물이 담길까요. ☐

② ㉠과 ㉢ 어느 쪽에 더 많은 물이 담길까요. ☐

③ 어느 잔에 가장 많은 물이 담길까요. ☐

클리어한 날   월   일

꼬지모를 잡아라!

부피 비교 ❷

꼬지모
흉내포켓몬
타입▶바위
키▶1.2m
몸무게▶38.0kg

점

50점 이상이면
[클리어! 스티커]를
붙일 수 있어요!

시작하기 전에 읽어요!

같은 그릇을 이용해 부피를 비교해요.

같은 그릇으로 옮긴다.

높이를 비교해서

부피가 큰 순서로
ㄷ, ㄱ, ㄴ.

주의

같은 그릇이 아니면 비교할 수 없어요.

---

1 부피가 큰 순서대로 쓰세요. 한 문제당 50점

①

, ,

②

, ,

클리어한 날

월   일

우파를 잡아라!

부피 비교 ③

점

60점 이상이면 [클리어! 스티커]를 붙일 수 있어요!

시작하기 전에 읽어요!

같은 그릇이 몇 개 분량인지 알아보고 부피를 비교해요.

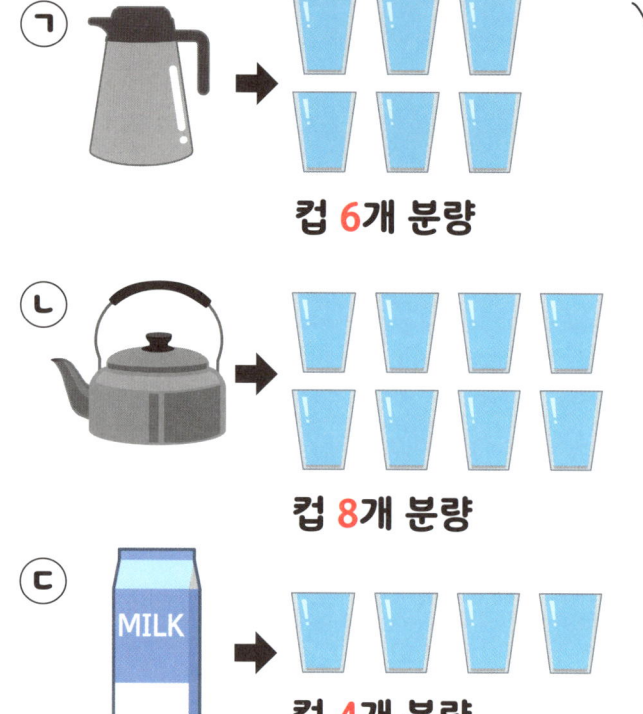

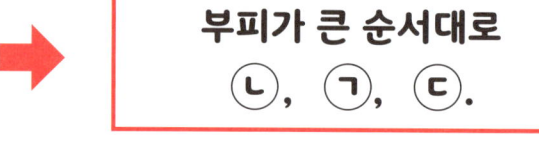

같은 컵으로 몇 개 분량인지 알아보세요.

부피가 큰 순서대로
ㄴ, ㄱ, ㄷ.

우파
수어포켓몬
타입 ▶ 물·땅
키 ▶ 0.4m
몸무게 ▶ 8.5kg

1 부피가 큰 쪽에 ○ 표시를 하세요.　한 문제당 10점

①

②

▶다음 페이지에 계속

2 담긴 물의 부피를  를 이용해 알아보세요. 한 문제당 20점

㉠

㉡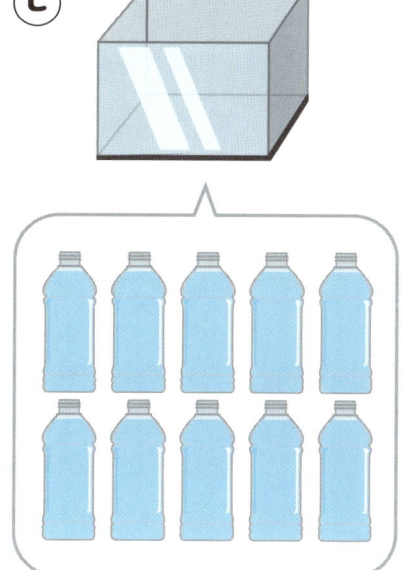

㉢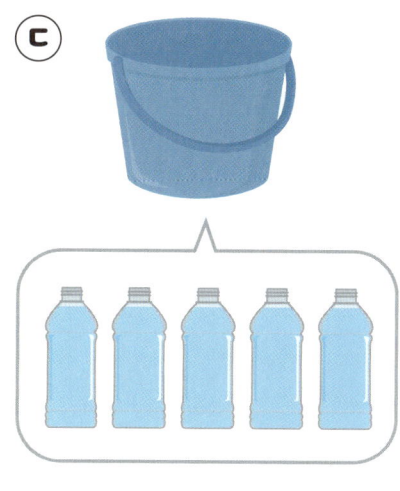

① ㉠은  몇 개 분량의 물이 담길까요. ☐ 개 분량

② ㉠과 ㉢ 중 어느 쪽에 더 많은 물이 담길까요. ☐

③ ㉡과 ㉢ 중 어느 쪽이  몇 개만큼 많이 담기나요.

☐ 이  ☐ 개만큼 많이 담긴다.

④ 담기는 물의 부피가 큰 순서대로 나열하세요.

☐ , ☐ , ☐

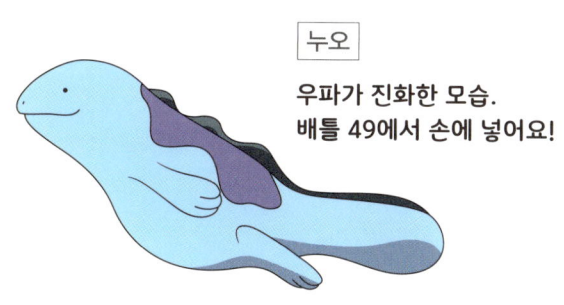

누오
우파가 진화한 모습.
배틀 49에서 손에 넣어요!

클리어한 날
월   일

넓이 비교

배틀 33 / 목표 20분

비나방을 잡아라!

비나방
안구포켓몬
타입 ▶ 벌레·비행
키 ▶ 0.8m
몸무게 ▶ 3.6kg

점
60점 이상이면
[클리어! 스티커]를
붙일 수 있어요!

시작하기 전에 읽어요!

둘 중 어느 쪽이 넓을까요.
겹쳐서 비교해 보세요.

끝을 정확하게 겹친다.

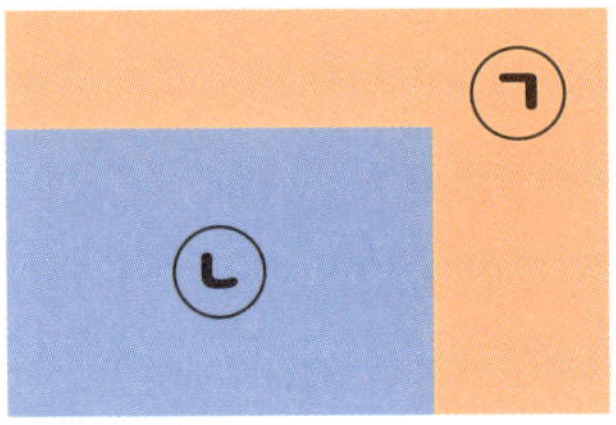

→ ㄱ이 더 넓다.

주의 
어느 한 쪽이라도 튀어 나오면
비교할 수 없어요.

칸이 몇 개인지를 알아보고 넓이를 비교해요.

칸의 수를 센다.

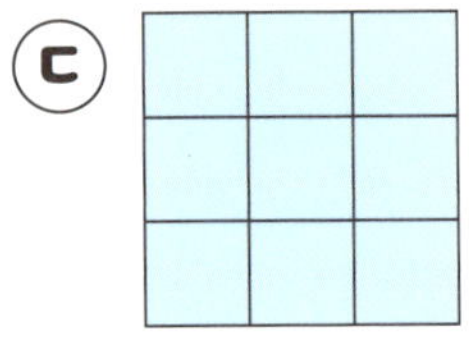

ㄷ 칸 **9**개   ㄹ 칸 **8**개 → ㄷ이 더 넓다.

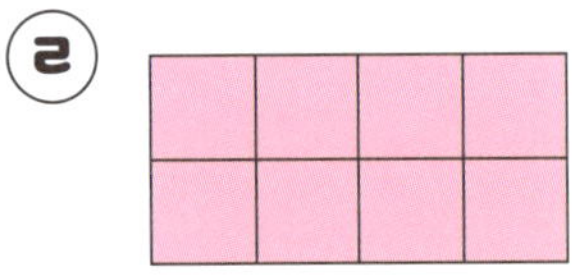

---

1 겹쳐진 그림을 보고 넓은 쪽에 ○ 표시를 해요. *한 문제당 10점*

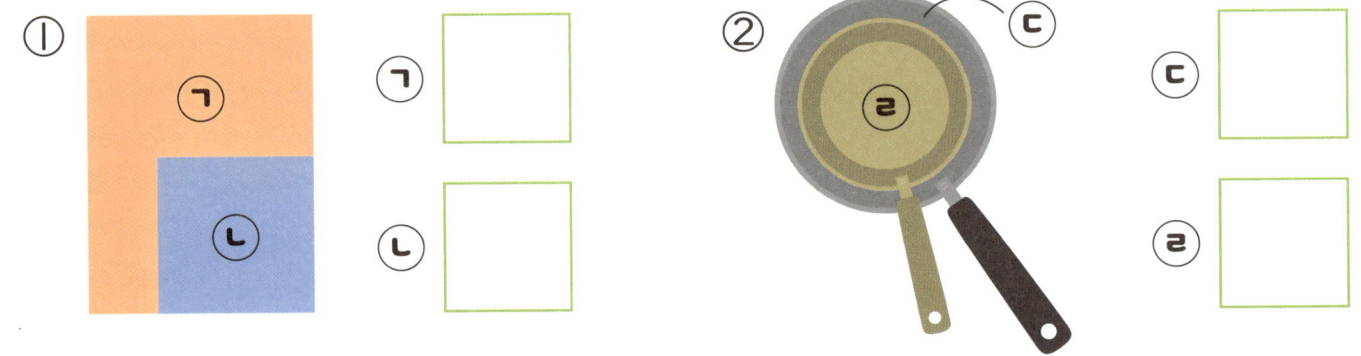

▶ 다음 페이지에 계속

2 색칠한 부분이 넓은 쪽에 ○ 표시를 해요. 한 문제당 10점

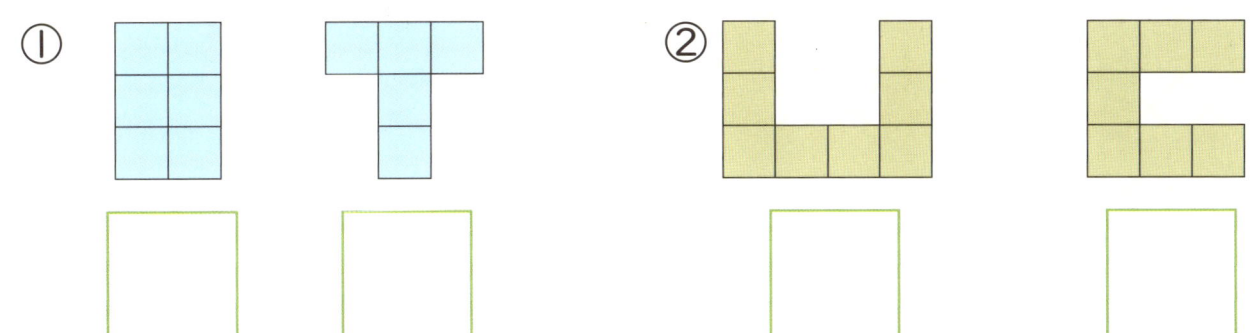

3 비나방과 비구술이 칸을 더 많이 차지하는 배틀을 벌였어요.
넓은 쪽이 승리예요. 한 문제당 20점

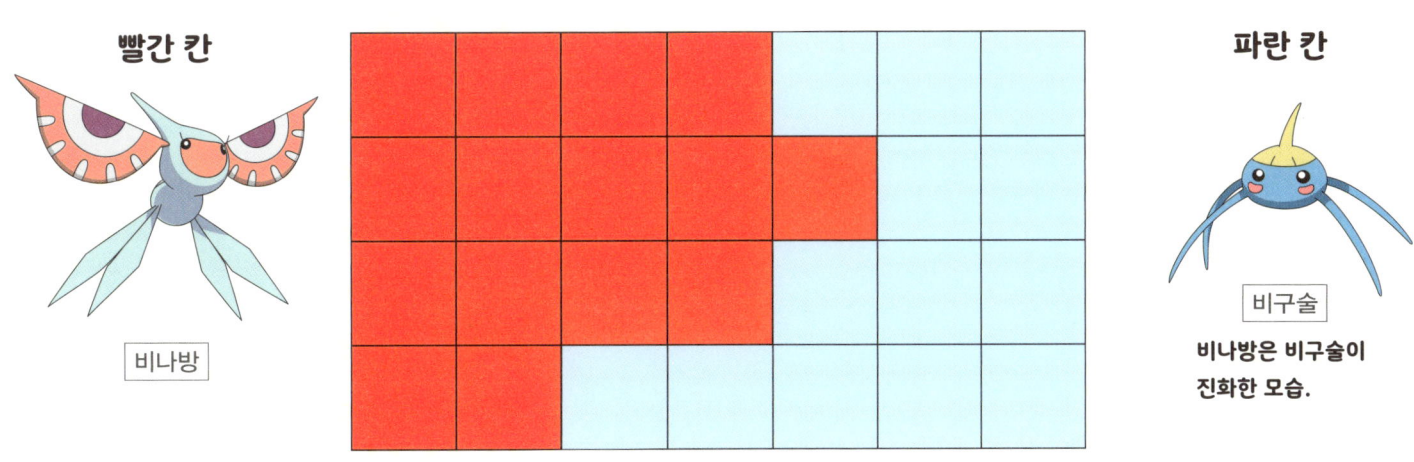

① 비나방은 몇 칸인가요. ☐ 칸

② 비구술은 몇 칸인가요. ☐ 칸

③ 이긴 것은 어느 쪽인가요.

클리어한 날
　　　　월　　　　일

배틀 34 (목표 20분) — 메타그로스를 잡아라! 배틀 26~33 정리

60점 이상이면 [클리어! 스티커]를 붙일 수 있어요!

1 부피가 큰 쪽에 ○ 표시를 하세요. 한 문제당 15점

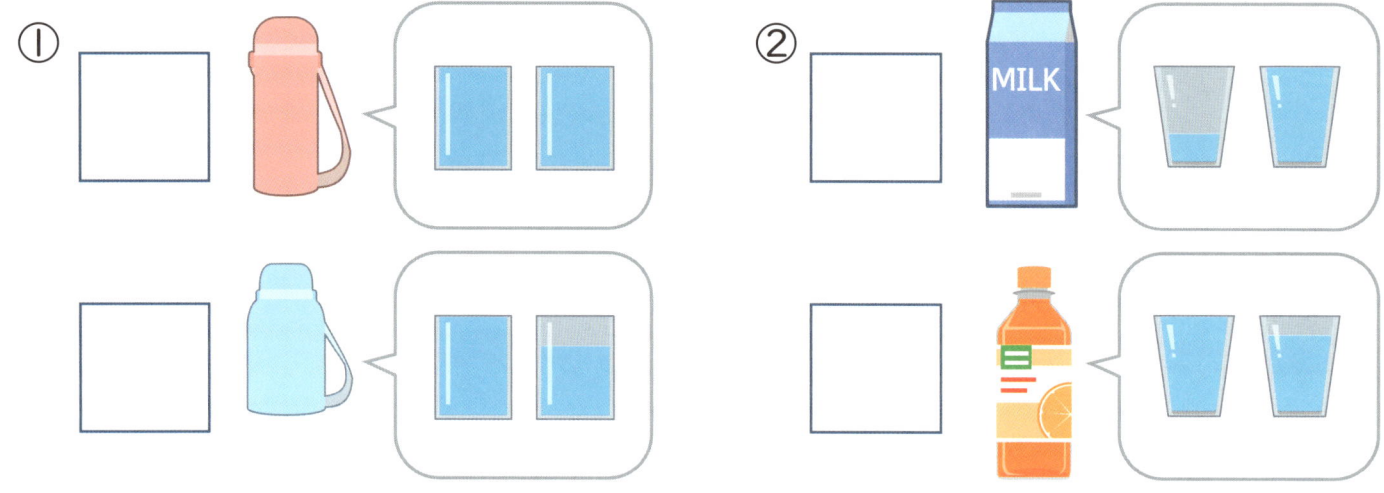

2 긴 순서대로 나열하세요. 20점

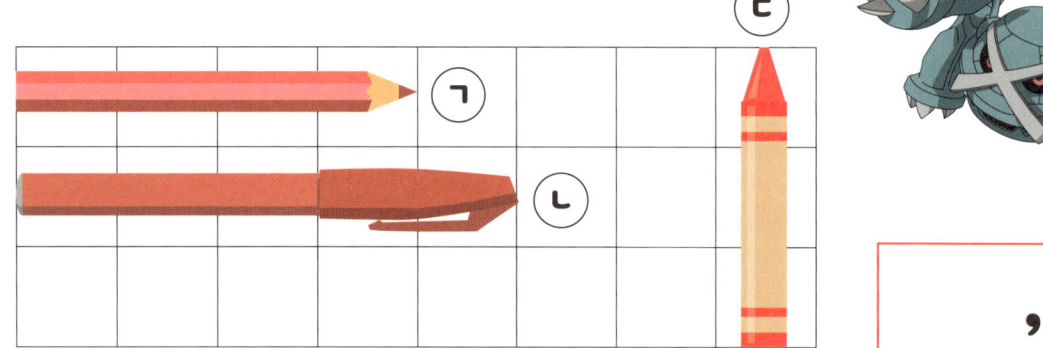

메타그로스
무쇠다리포켓몬
타입 ▶ 강철·에스퍼
키 ▶ 1.6m
몸무게 ▶ 550.0kg

 , ,

3 색칠한 부분이 넓은 쪽에 ○ 표시를 하세요. 한 문제당 15점

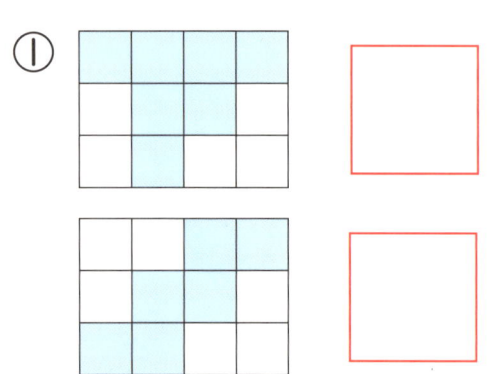

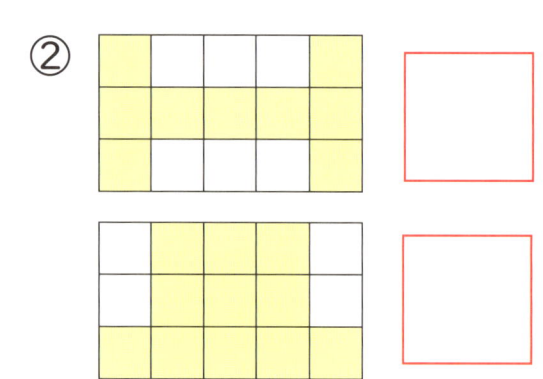

▶다음 페이지에 계속

깨비드릴조를 잡아라!

시곗바늘 움직이는 법

목표 15분

점: 50점 이상이면 [클리어! 스티커]를 붙일 수 있어요!

깨비드릴조
부리포켓몬
타입 ▶ 노말·비행
키 ▶ 1.2m
몸무게 ▶ 38.0kg

시작하기 전에 읽어요!

시계의 바늘은 긴바늘도, 짧은바늘도 **오른쪽 방향**으로 움직여요.
긴바늘도 한 바퀴 돌면, 짧은바늘은 시계의 숫자 하나만큼 움직여요.

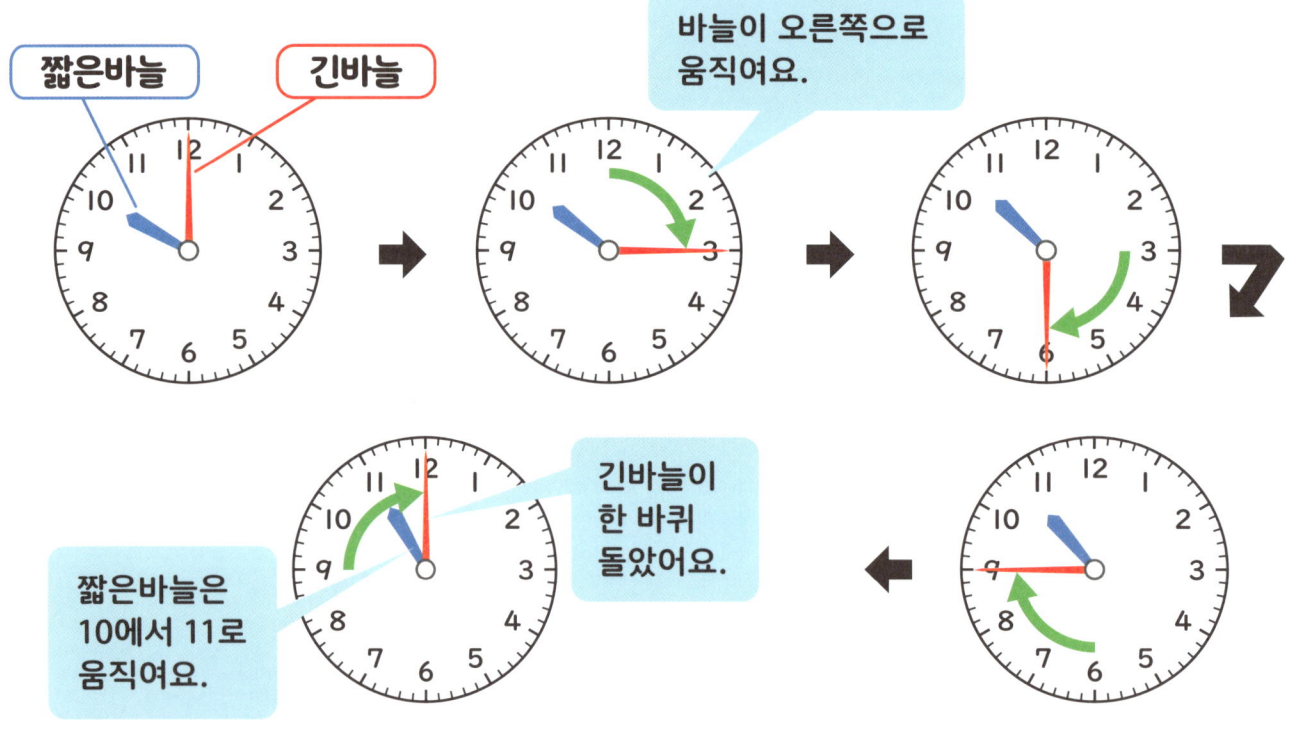

짧은바늘 / 긴바늘
바늘이 오른쪽으로 움직여요.
긴바늘이 한 바퀴 돌았어요.
짧은바늘은 10에서 11로 움직여요.

1 바늘이 움직이는 방향으로 ○ 표시하세요. 한 문제당 25점

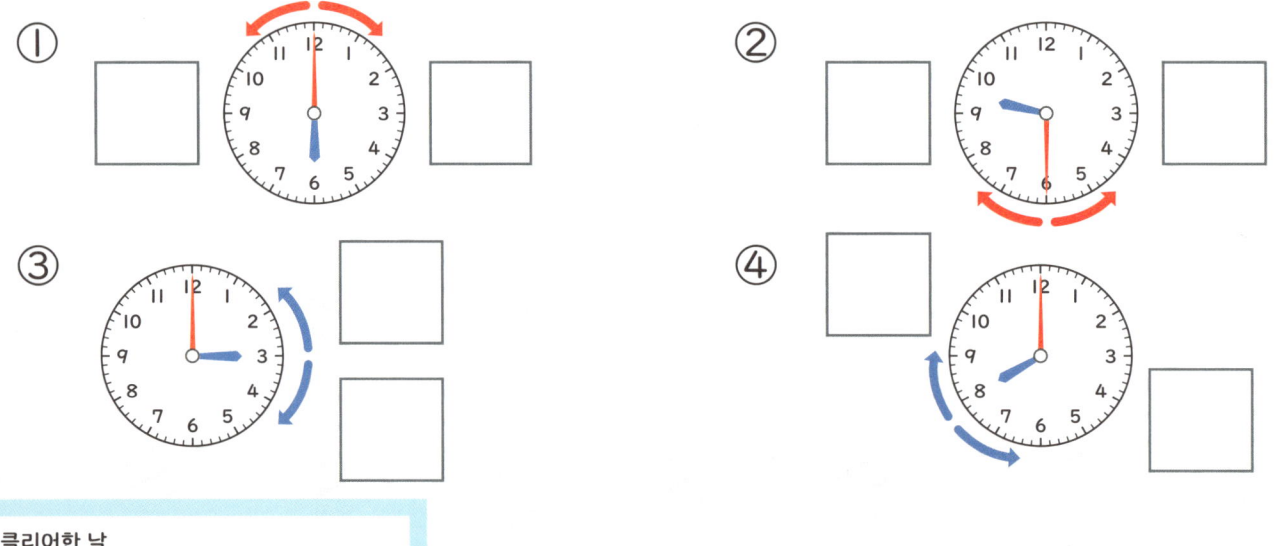

클리어한 날   월   일

라플레시아를 잡아라!

몇 시일까

목표 15분

점

60점 이상이면 [클리어! 스티커]를 붙일 수 있어요!

라플레시아
꽃포켓몬
타입 ▶ 풀・독
키 ▶ 1.2m
몸무게 ▶ 18.6kg

시작하기 전에 읽어요!

짧은바늘은 **몇 시**인지를 나타내요.

8시

3시

짧은바늘이 가리키는 숫자를 읽어요.

1 시계를 읽어 보세요. 한 문제당 20점

①  ☐ 시

②  ☐ 시

③  ☐ 시

④  ☐ 시

⑤ 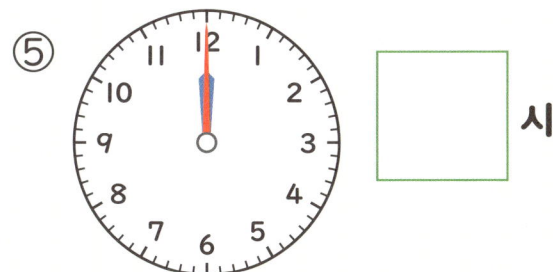 ☐ 시

냄새꼬

라플레시아는 냄새꼬가 진화한 모습.

클리어한 날

월   일

비비용을 잡아라!

몇 시 반일까

점

60점 이상이면 [클리어! 스티커]를 붙일 수 있어요!

시작하기 전에 읽어요!

긴바늘이 **6**을 가리킬 때는 **몇 시 반**이라고 읽어요.

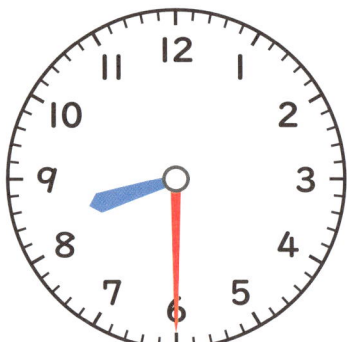

8시 반   **3시 반**

짧은바늘이 숫자 사이를 가리킬 때는 **작은 숫자**를 읽어요.

비비용
인분포켓몬
타입▶벌레·비행
키▶1.2m
몸무게▶17.0kg

1 시계를 읽어 보세요.   한 문제당 20점

① 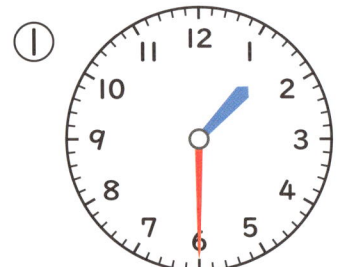  시 반

② 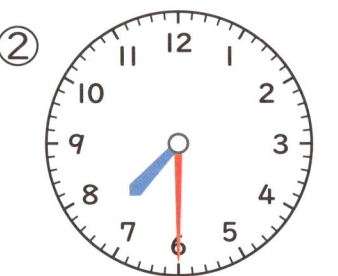  시 반

③   시 반

④ 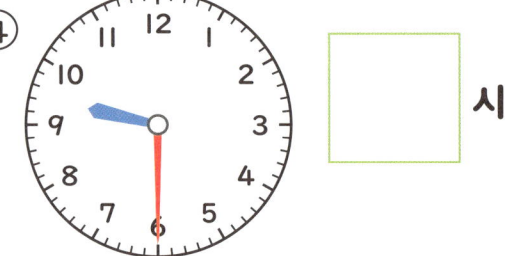 시 반

⑤  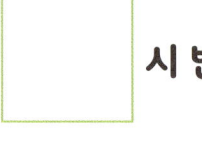 시 반

분떠도리

비비용은 분떠도리가 진화한 모습.

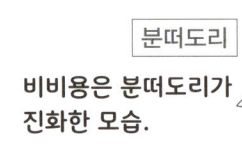

클리어한 날   월   일

몇 시 몇 분일까 ①

앗차키를 잡아라!

배틀 38 | 목표 15분

50점 이상이면 [클리어! 스티커]를 붙일 수 있어요!

앗차키
방수포켓몬
타입 ▶ 물
키 ▶ 1.0m
몸무게 ▶ 29.0kg

시작하기 전에 읽어요!

긴바늘은 몇 분인지를 나타내요.

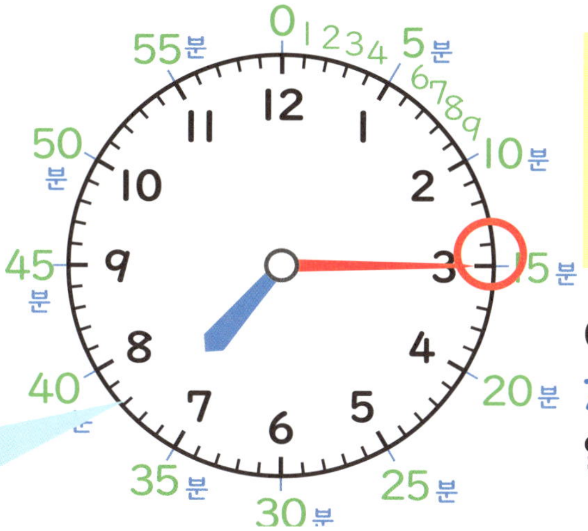

긴바늘의 작은 눈금은 1분을 나타내요.

짧은바늘이 7과 8 사이이니까 7시 ●분이에요.

이 시계는 **7시 15분**이라고 읽어요.

---

1. 시계를 읽어 보세요. ①② 20점 ③④ 30점

① 6시 ☐ 분

② 2시 ☐ 분

③ ☐ 시 ☐ 분

④ ☐ 시 ☐ 분

앗차프
앗차키는 앗차프가 진화한 모습.

클리어한 날   월   일

배틀 39 · 몇 시 몇 분일까 ②

기기어르를 잡아라!
목표 15분

기기어르
톱니바퀴포켓몬
타입 ▶ 강철
키 ▶ 0.6m
몸무게 ▶ 51.0kg

점
50점 이상이면
[클리어! 스티커]를
붙일 수 있어요!

시작하기 전에 읽어요!

문제 시계를 읽어 보세요.

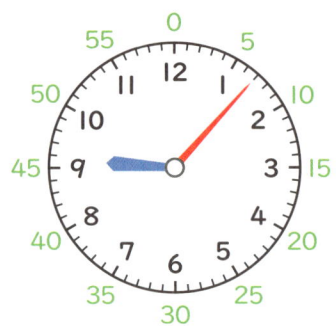 

짧은바늘은
9와 10 사이에 있으니 **9시**.
긴바늘은 5분 눈금보다
2칸 더 갔으니 **7분**.

정답 **9** 시 **7** 분

1. 시계를 읽어 보세요. 한 문제당 25점

①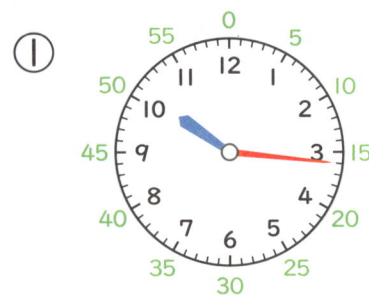

시   분

②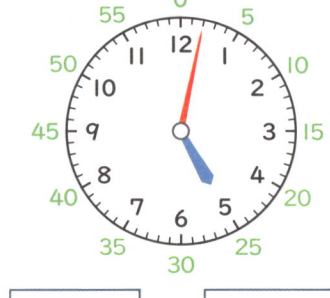

시   분

기어르

기기어르는 기어르가
진화한 모습.

③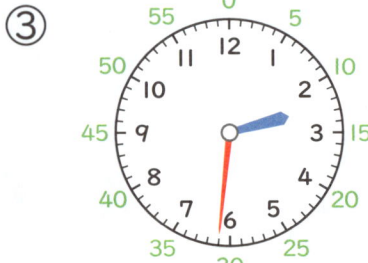

시   분

④

시   분

클리어한 날    월   일

기기기어르를 잡아라!

몇 시 몇 분일까 ③

1 시계를 읽어 보세요. ①② 10점 ③~⑥ 20점

①

시   분

②

시   분

③
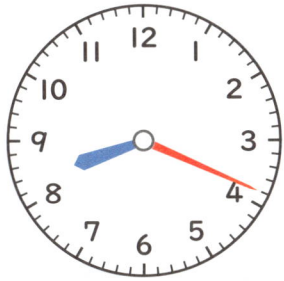

시   분

④

시   분

⑤

짧은바늘이 12와 1 사이일 때는 12를 읽어요.

시   분

⑥

시   분

배틀 41 — 배틀 35~40 정리

레시라무를 잡아라!

I. 시계를 읽어 보세요. 한 문제당 10점

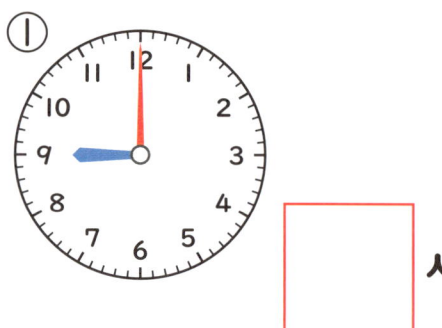
① ☐ 시

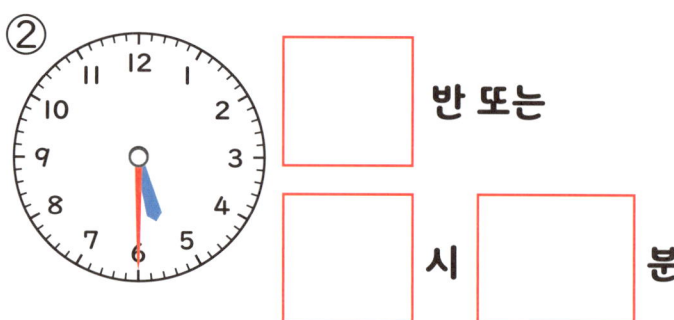
② ☐ 반 또는
☐ 시 ☐ 분

③ ☐ 시

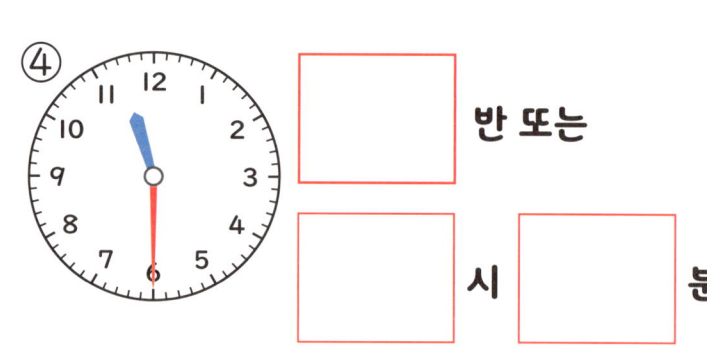
④ ☐ 반 또는
☐ 시 ☐ 분

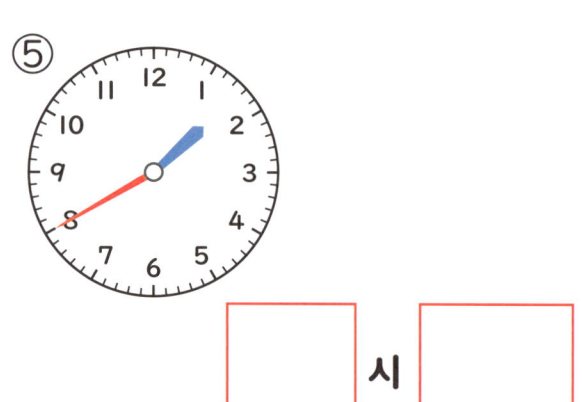
⑤ ☐ 시 ☐ 분

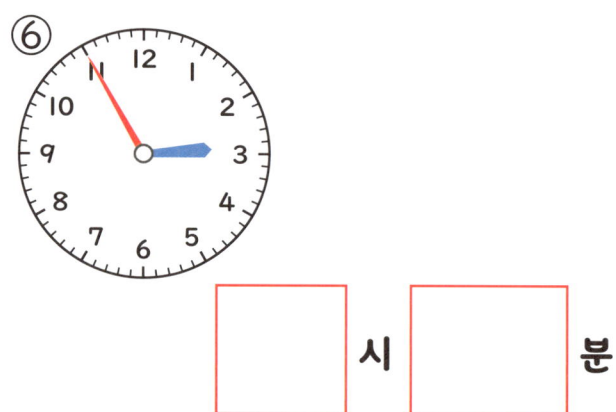
⑥ ☐ 시 ☐ 분

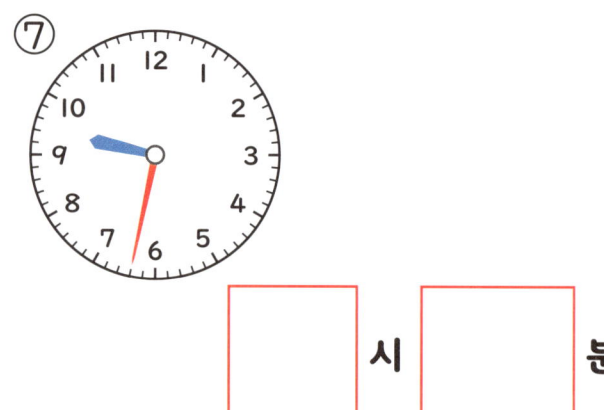
⑦ ☐ 시 ☐ 분

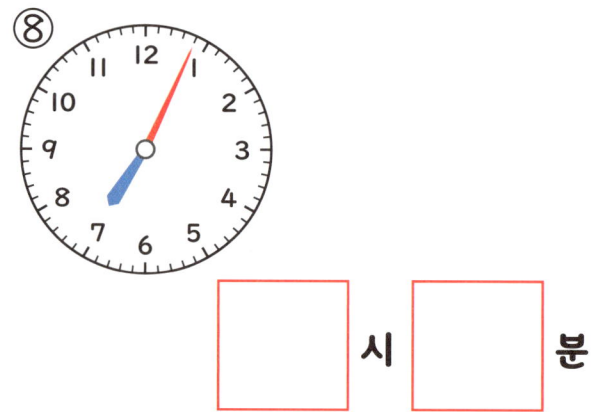
⑧ ☐ 시 ☐ 분

▶다음 페이지에 계속

잠든 건 몇 시?

마친 후, [미니 게임 스티커]를 붙여요!

문제 포켓몬이 잠든 시간과 같은 시간의 시계를 선으로 연결해요.

잠만보

8시 15분에 잤어!

●   ●

지라치

6시 45분에 잤어!

●   ●

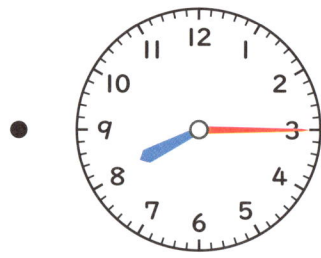

10시 25분에 잤어!

●   ●

게을로

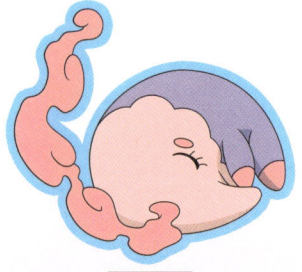

몽얌나

7시 반에 잤어!

●   ●

9시 18분에 잤어!

●   ●

자말라

클리어한 날   월   일

모스노우를 잡아라!
배틀 42 · 목표 20분 · 우리 주변에 있는 모양 ①

점

60점 이상이면 [클리어! 스티커]를 붙일 수 있어요!

모스노우
얼음나방포켓몬
타입 ▶ 얼음·벌레
키 ▶ 1.3m
몸무게 ▶ 42.0kg

시작하기 전에 읽어요!

비슷한 모양끼리 나눠요.

주사위 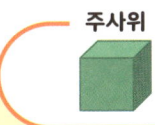 모양

평평한 부분이 정사각형이에요.

원통 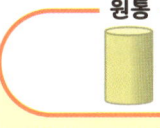 모양

상자 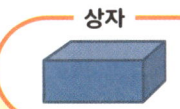 모양

공  모양

크기는 다르지만 **모양**은 비슷해요.

▶ 다음 페이지에 계속

1 같은 모양끼리 ──으로 연결해요. 한 문제당 10점

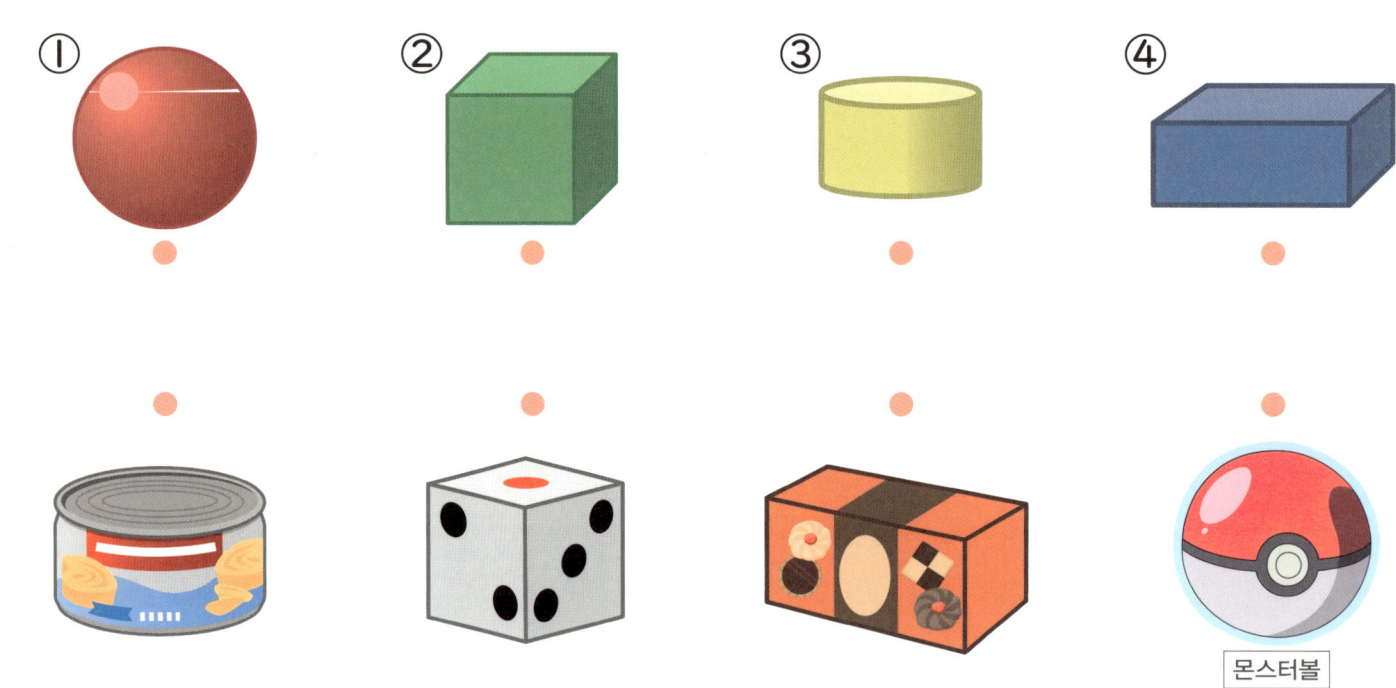

몬스터볼

2 비슷한 모양이 아닌 것을 ○로 표시해요. 한 문제당 15점

①
② 
③ 
④

클리어한 날   월   일

창파나이트를 잡아라!

우리 주변에 있는 모양 ❷

창파나이트
청동오리포켓몬
타입 ▶ 격투
키 ▶ 0.8m
몸무게 ▶ 117.0kg

점

50점 이상이면 [클리어! 스티커]를 붙일 수 있어요!

시작하기 전에 읽어요!

특징으로 모양을 나눠요.

높이 쌓을 수 있는 모양

평평한 부분에서 쌓을 수 있어요.

잘 굴러가는 모양

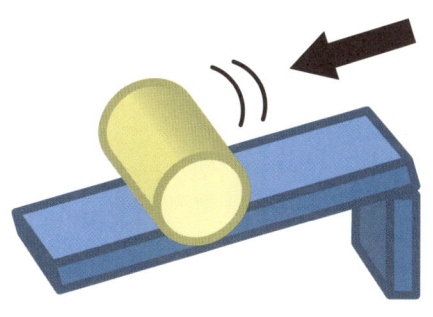

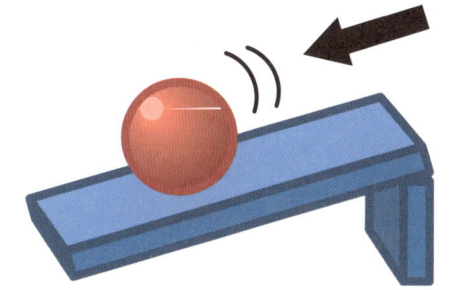

---

1 ㉠~㉣ 중에서 **해당하는 것**을 모두 골라요. 한 문제당 50점

㉠  ㉡ 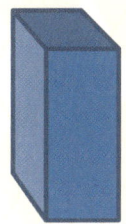 ㉢  ㉣

① 잘 굴러가는 모양 　[　　　　]

② 높이 쌓을 수 있는 모양 　[　　　　]

클리어한 날　　　월　　　일

배틀 44 우리 주변에 있는 모양 ③

가로막구리를 잡아라!

목표 15분

점

60점 이상이면 [클리어! 스티커]를 붙일 수 있어요!

가로막구리
정지포켓몬
타입▶악·노말
키▶1.6m
몸무게▶46.0kg

시작하기 전에 읽어요!

종이에 모양을 따라 그려요.

 → 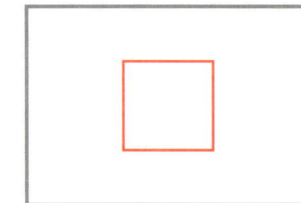 사각 모양

모양을 따라 그려요!

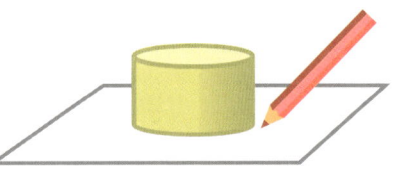 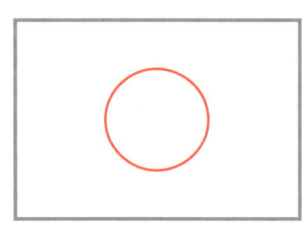 둥근 모양

1 ①과 ②는 ㉠~㉢ 중 어느 블록을 따라 그린 것일까요. 한 문제당 30점

① 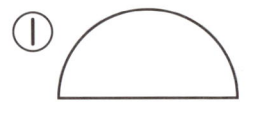    ②

㉠  ㉡  ㉢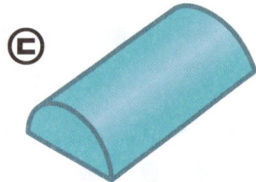

2 왼쪽의 블록으로 그릴 수 있는 모든 모양에 ○하세요. 40점

     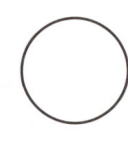 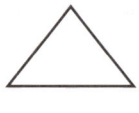

클리어한 날   월   일

동미러를 잡아라!

모양 만들기 ①

점

60점 이상이면 [클리어! 스티커]를 붙일 수 있어요.

시작하기 전에 읽어요!

도형 를 배열해 다양한 모양을 만들어요.

2장	3장	4장

배열 방법에 따라 다른 모양을 만들 수 있어요.

---

1 ①~③은 ㉠의 도형 몇 장으로 만들 수 있을까요. ①② 30점 ③ 40점

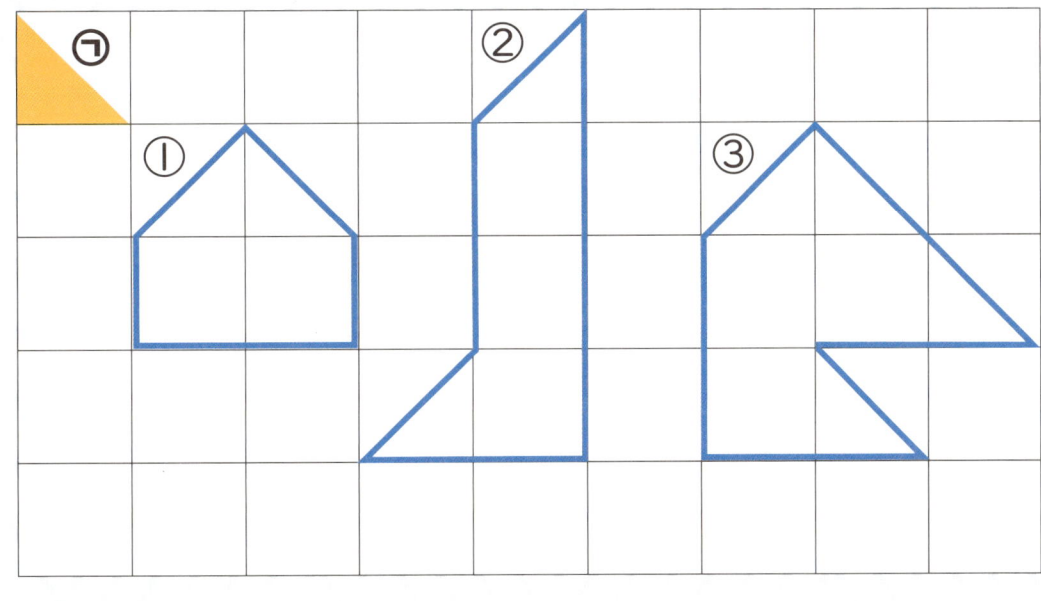

동미러
청동포켓몬
타입 ▶ 강철·에스퍼
키 ▶ 0.5m
몸무게 ▶ 60.5kg

①  장   ②  장   ③ 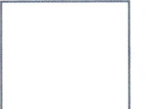 장

클리어한 날   월   일

배틀 46 목표 15분

대코파스를 잡아라!

모양 만들기 ②

점

60점 이상이면 [클리어! 스티커]를 붙일 수 있어요!

시작하기 전에 읽어요!

막대 —— 로 다양한 모양을 만들어요.

3개	4개	6개

삼각형	**사각형**	**삼각형과 사각형**

1 막대로 모양을 만들었어요. ①② 30점 ③ 40점

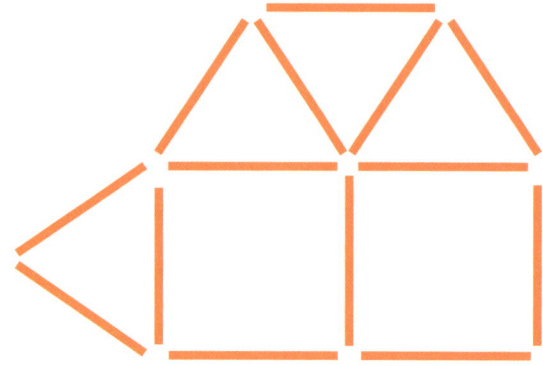

대코파스
컴퍼스포켓몬
타입 ▶ 바위 · 강철
키 ▶ 1.4m
몸무게 ▶ 340.0kg

① 사각형 ☐ 은 몇 개 있나요. ☐ 개

② 삼각형 △ 은 몇 개 있나요. ☐ 개

③ 막대 —— 는 전부 몇 개 있나요.

☐ 개

코코파스
대코파스는 코코파스가 진화한 모습.

클리어한 날   월   일

동탁군을 잡아라!

모양 만들기 ❸

점

60점 이상이면 [클리어! 스티커]를 붙일 수 있어요!

시작하기 전에 읽어요!

● 과 ●을 선으로 이어 다양한 모양을 만들어요.

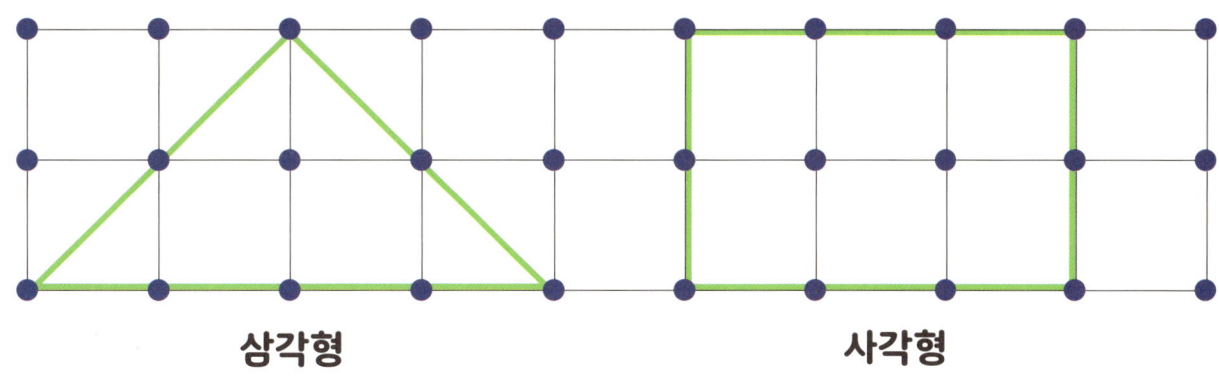

삼각형 　　　　　　사각형

1 같은 모양을 오른쪽에 그려요.　①② 30점　③ 40점

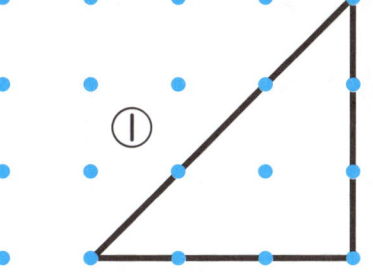

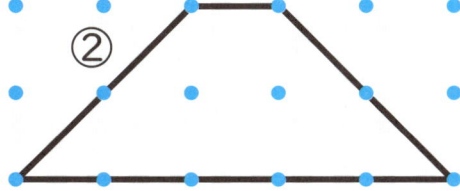

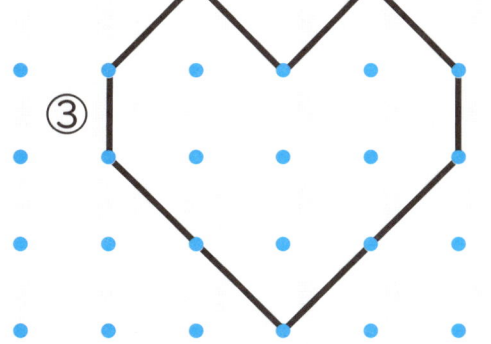

동탁군
동탁포켓몬
타입 ▶ 강철·에스퍼
키 ▶ 1.3m
몸무게 ▶ 187.0kg

동미러

동탁군은 동미러가 진화한 모습.

◎ 이 배틀을 마쳤다면 [포켓몬 도감 보드] 뒷면에 있는 [점을 이어 그림 그리기 시트]에 도전!

클리어한 날　　월　　일

다크라이를 잡아라!

배틀 42~47 정리

70점 이상이면 [클리어! 스티커]를 붙일 수 있어요!

1 왼쪽 모양과 같은 모양을 ○로 표시하세요. 한 문제당 10점

① 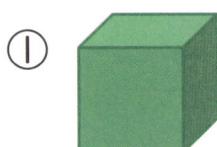　 몬스터볼　　 CANDY BOX　

② 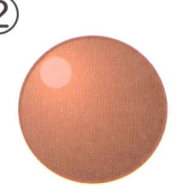　　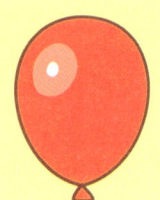　 복숭열매　

③ 　　 동탁군　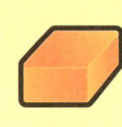　

2 ①~③은 ㉠의 도형 몇 개로 만들었을까요. 한 문제당 20점

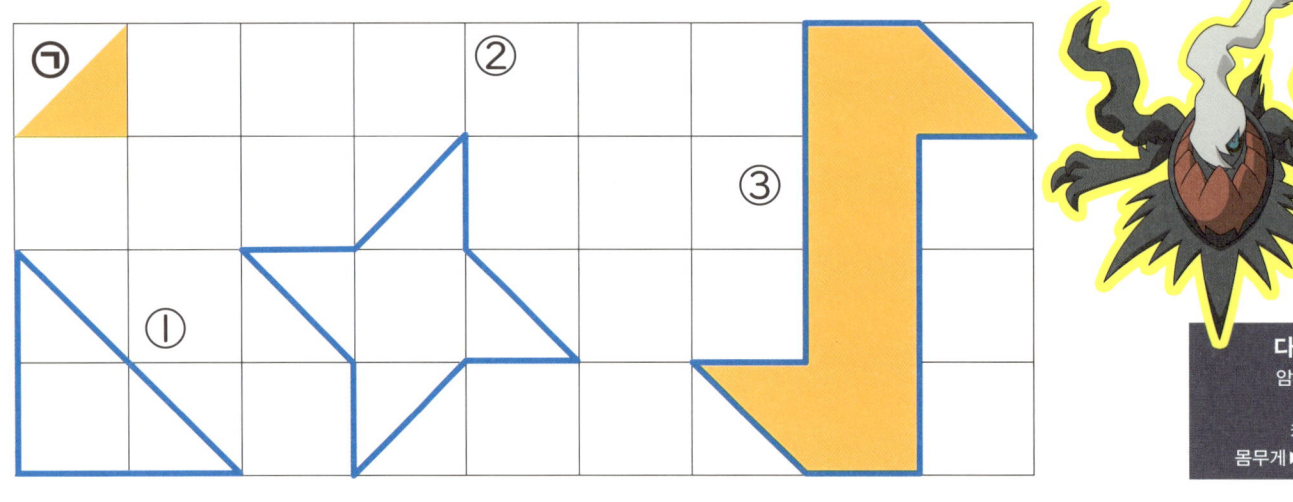

다크라이
암흑포켓몬
타입▶악
키▶1.5m
몸무게▶50.5kg

①  개　②  개　③  개

▶다음 페이지에 계속

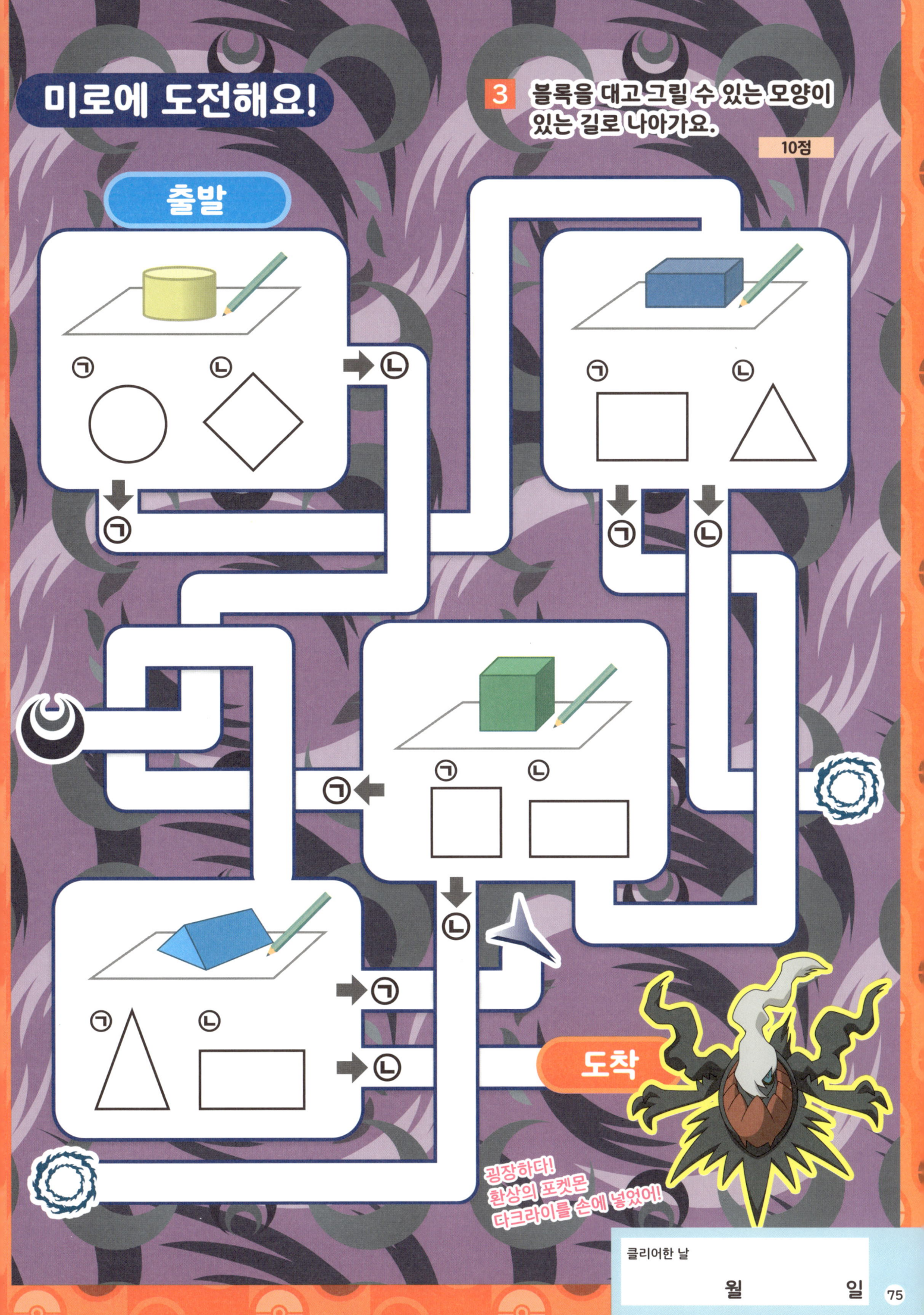

누오를 잡아라!

배틀 ①~㊽ 정리 ①

점

60점 이상이면 [클리어! 스티커]를 붙일 수 있어요!

1 몇 개 있는지 세어서 ☐에 알맞은 수를 쓰세요. 　한 문제당 10점

① 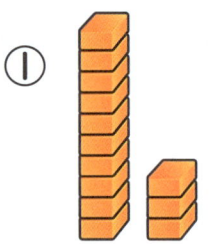 ☐

② 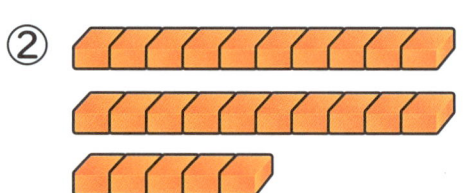 ☐

③ 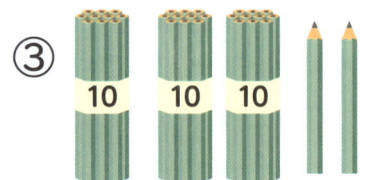 ☐

④   ☐

누오
수어포켓몬
타입▶물·땅
키▶1.4m
몸무게▶75.0kg

2 ☐에 알맞은 수를 쓰세요. 　①~③ 15점

① 23은 10이 ☐ 개, 1이 ☐ 개.

② 126은 100이 ☐ 개, 10이 ☐ 개, 1이 ☐ 개.

③ 100보다 2작은 수는 ☐ .

우파

3 아래 숫자를 작은 순서대로 쓰세요. 　15점.

61 , 28 , 33 , 85 　　　　 , 　 , 　 ,

클리어한 날 　　월 　　일

배틀 1~48 정리 ②

1 긴 쪽에 ○ 표시를 하세요. 한 문제당 5점

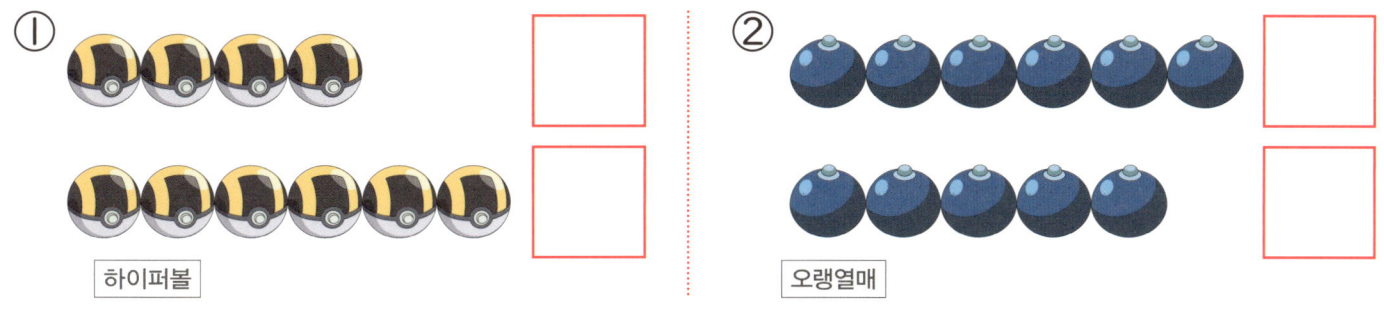

① 하이퍼볼
② 오랭열매

2 부피가 큰 쪽에 ○ 표시를 하세요. 한 문제당 5점

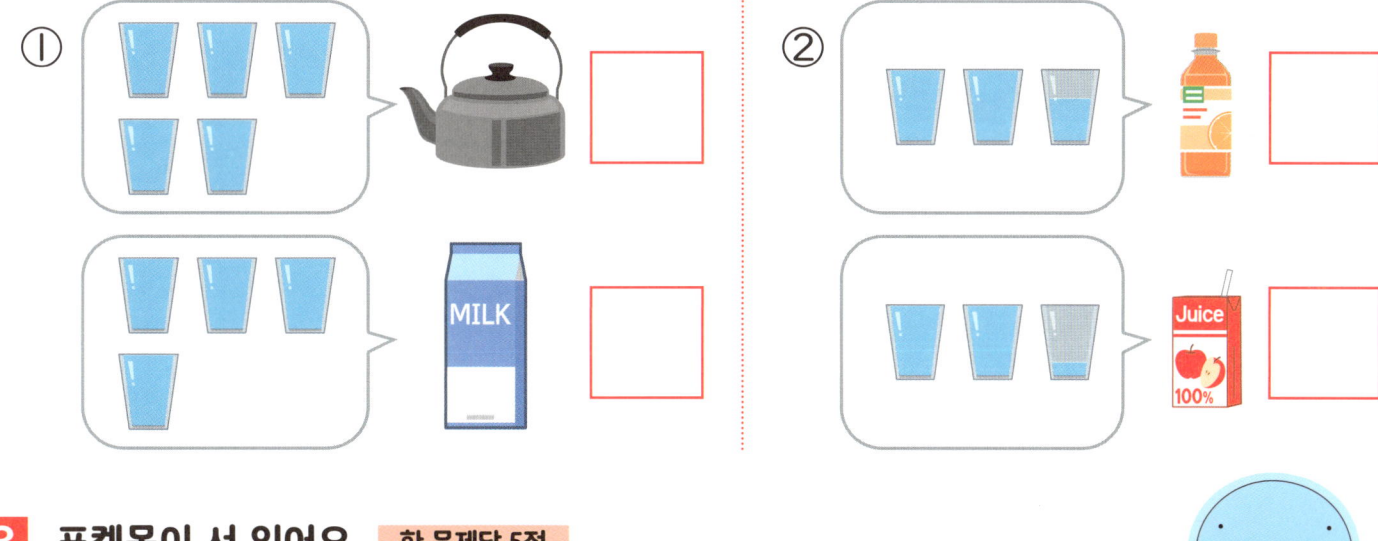

3 포켓몬이 서 있어요. 한 문제당 5점

총어 대포무노 우파 초라기 리아코 마릴 누오

① 왼쪽에서 4마리를 ○로 묶어요.

② 오른쪽에서 2번째는 어느 포켓몬인가요.

▶다음 페이지에 계속

4 큰 수를 ○로 표시해요. 한 문제당 5점

① 0 , 1 ② 15 , 35

③ 101 , 100 ④ 88 , 82

5 시계를 읽어 보세요. 한 문제당 5점

① 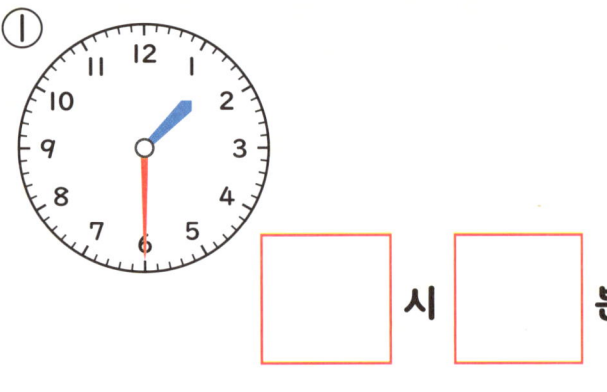 ☐ 시 ☐ 분

② 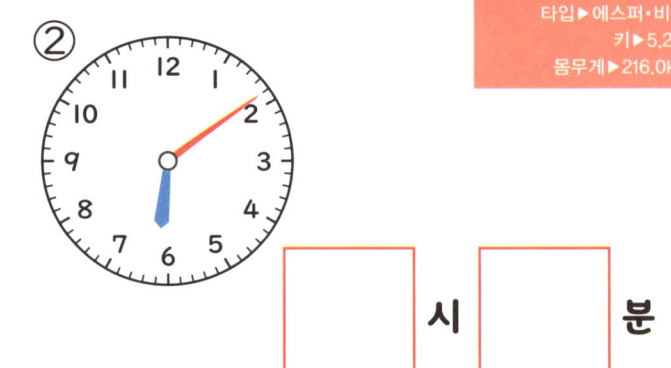 ☐ 시 ☐ 분

6 삼각형 △ 과 사각형 ☐ 은 몇 개 있나요? 한 문제당 5점

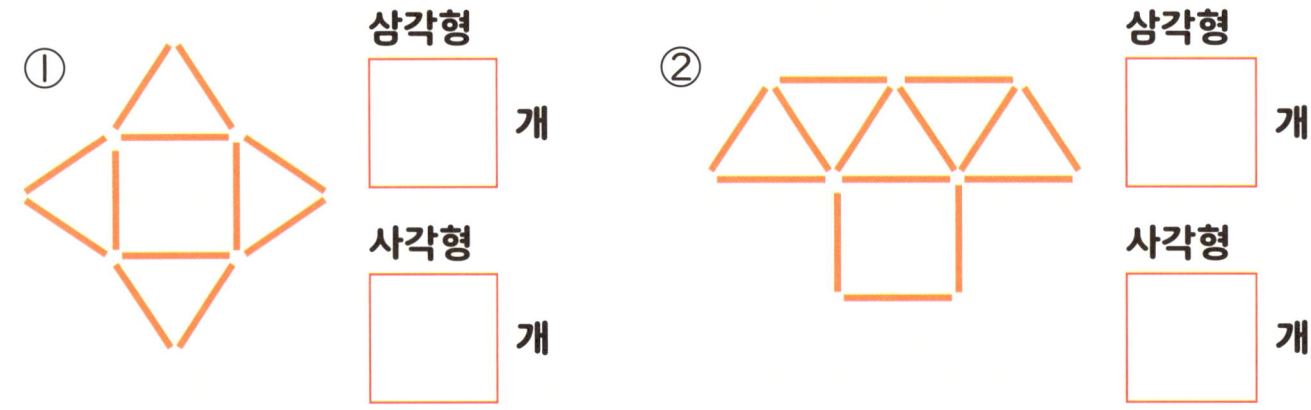

① 삼각형 ☐ 개 사각형 ☐ 개

② 삼각형 ☐ 개 사각형 ☐ 개

7 색칠한 부분이 넓은 쪽에 ○ 표시를 하세요. 한 문제당 5점

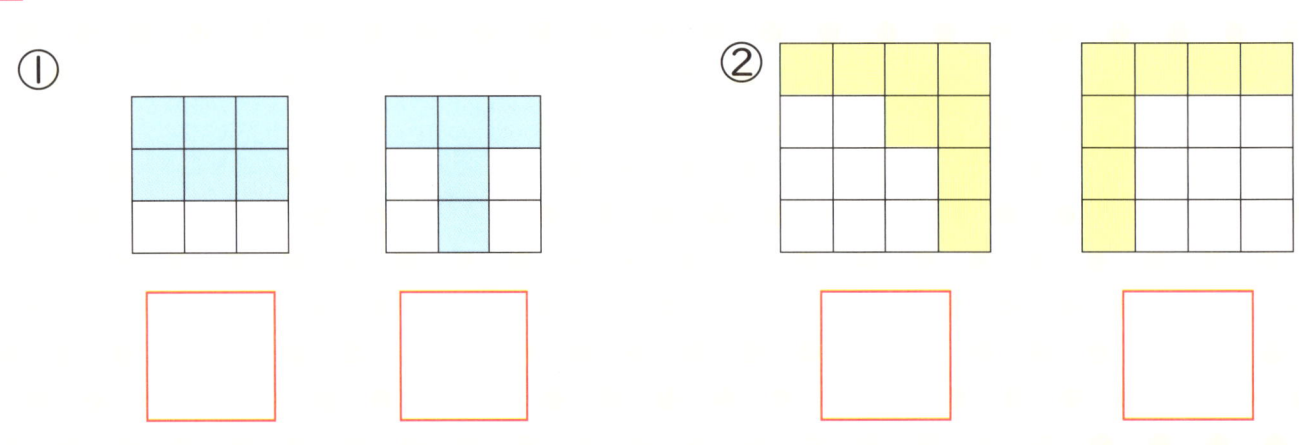

정답

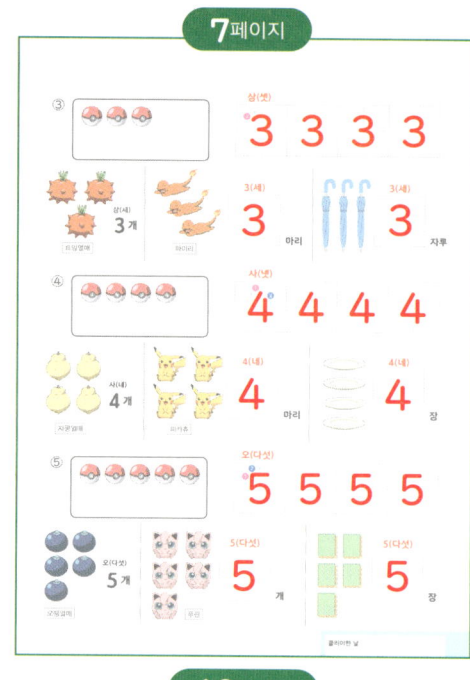

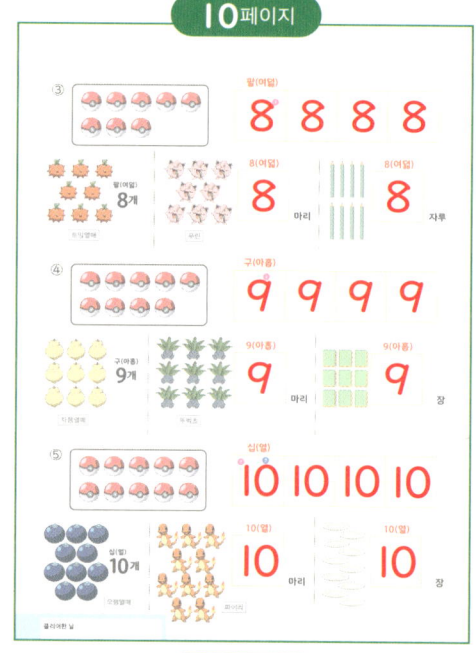

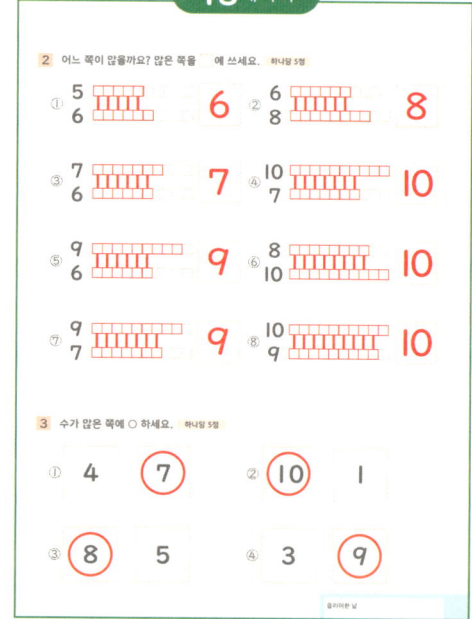

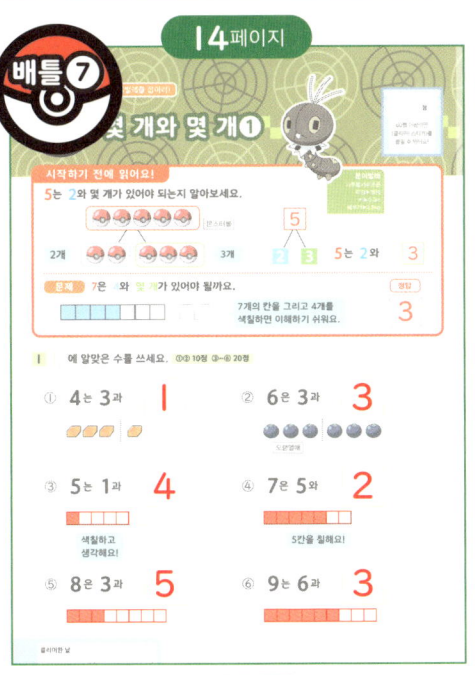

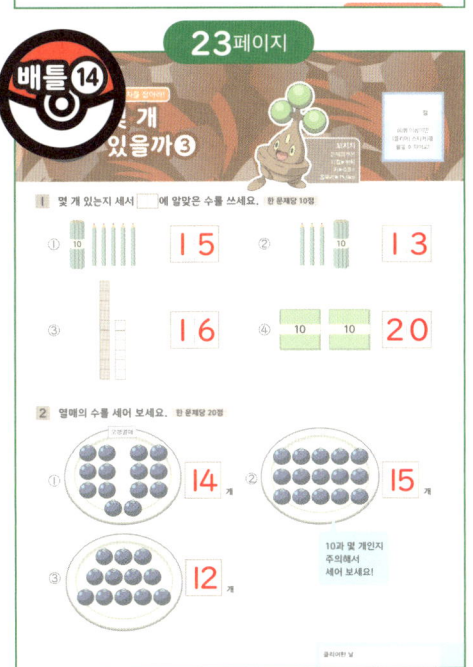

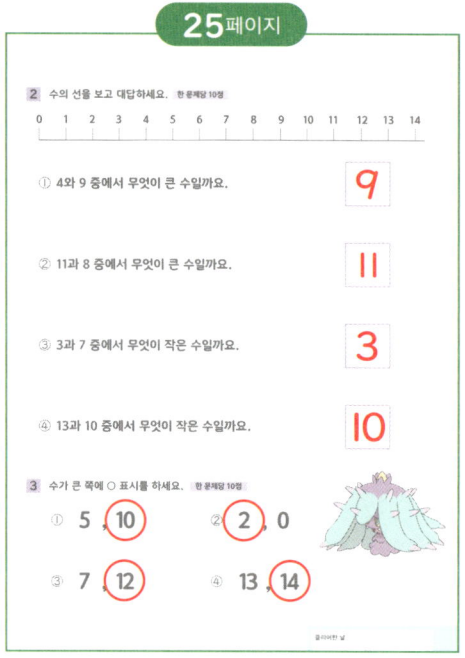

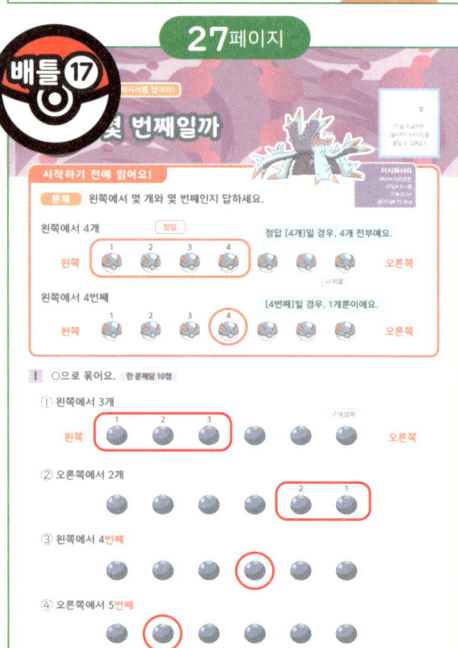
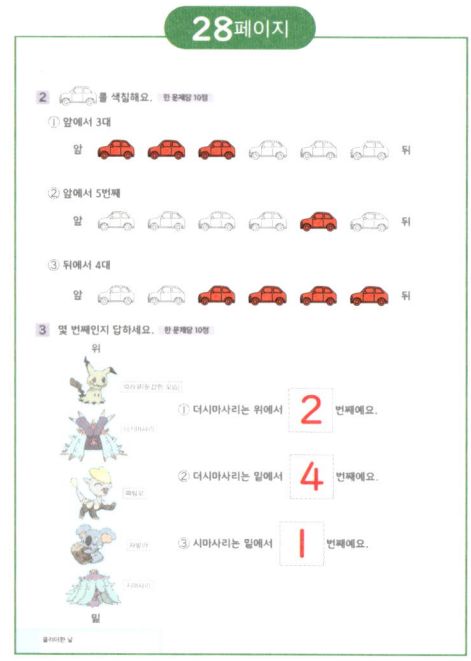

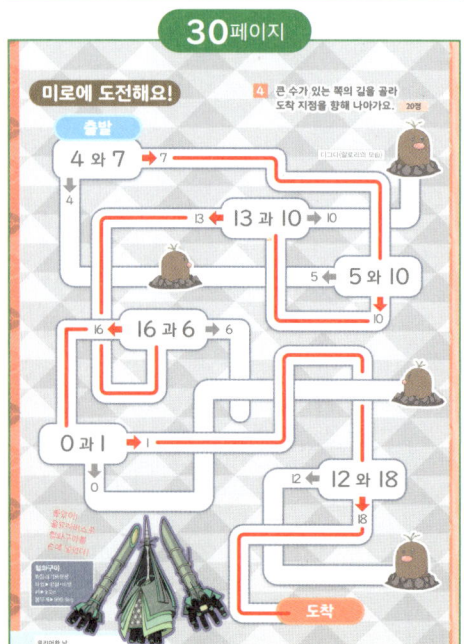

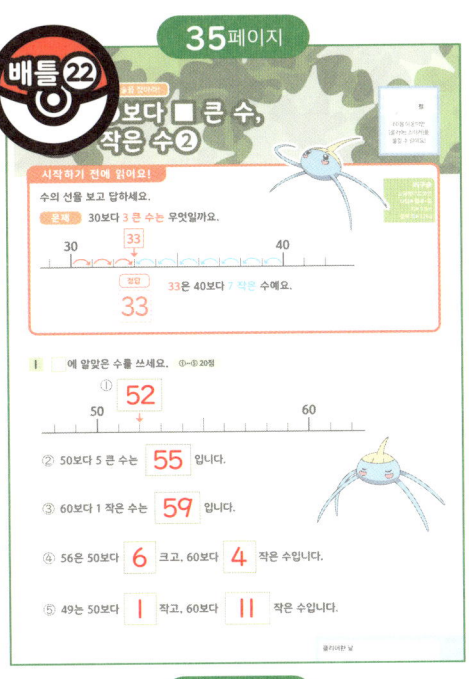

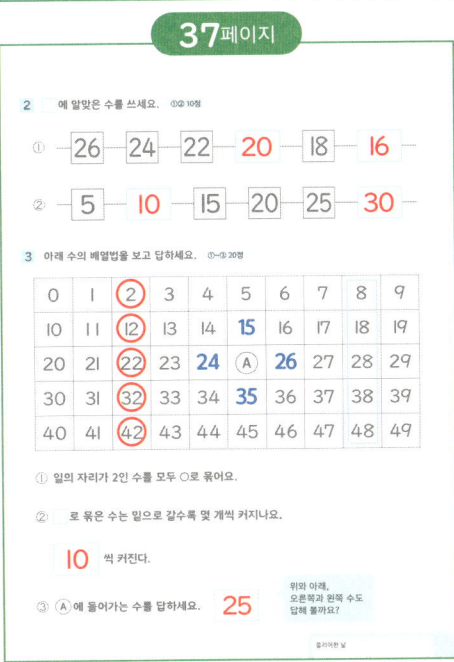
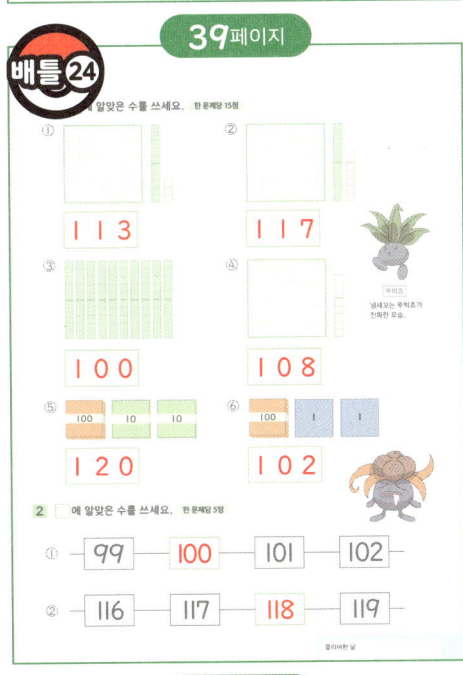
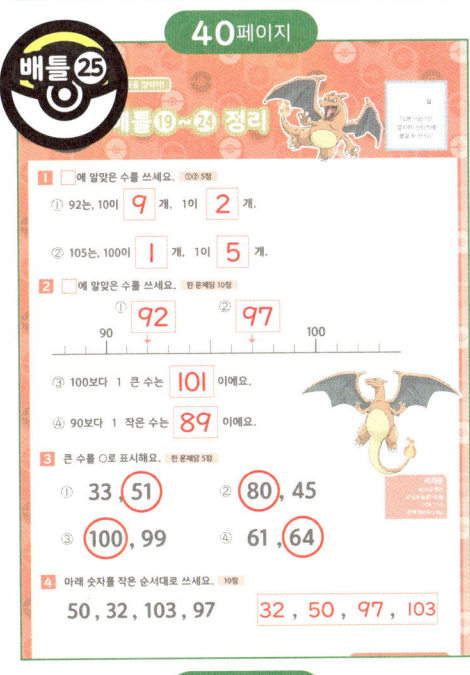

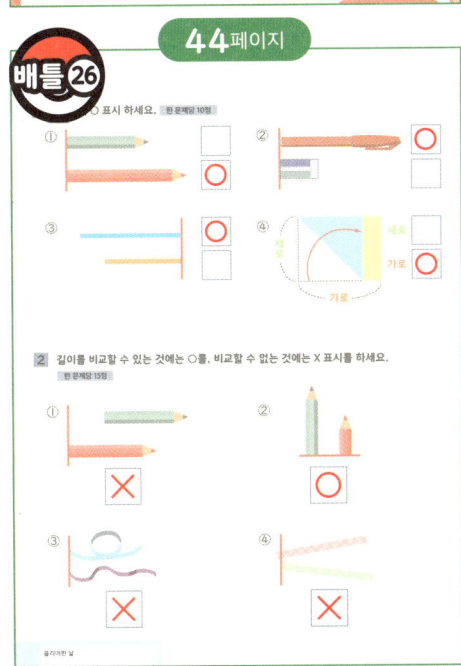

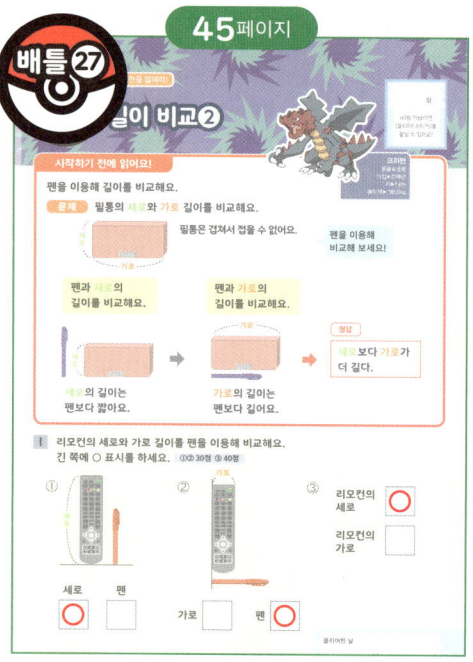
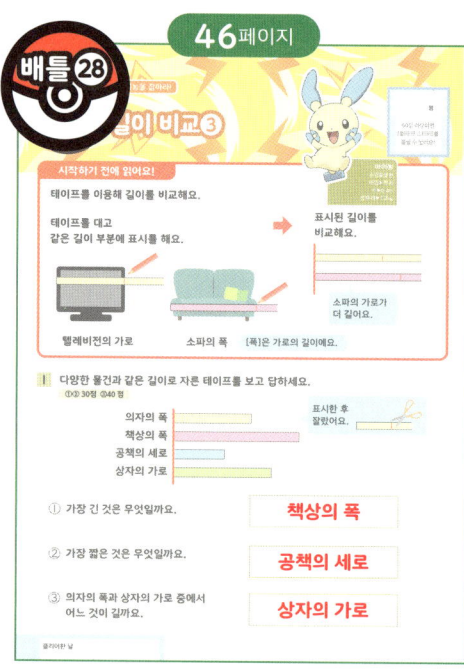
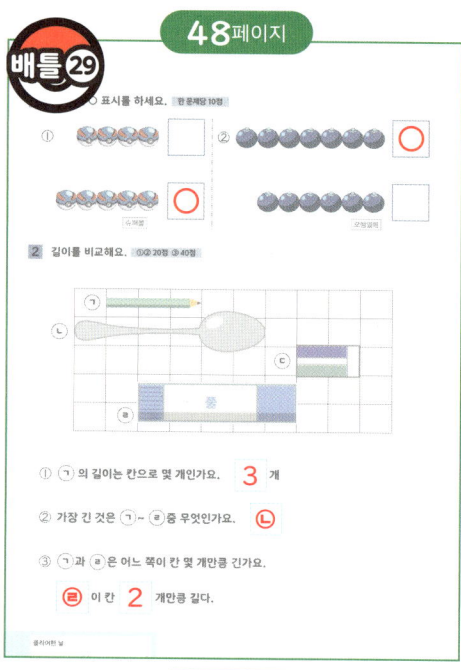
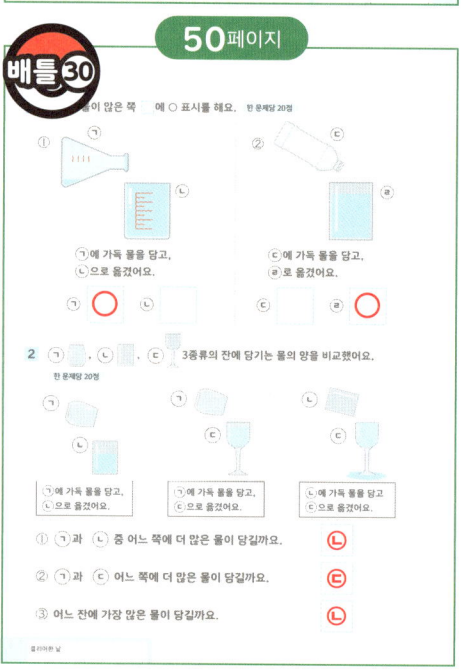

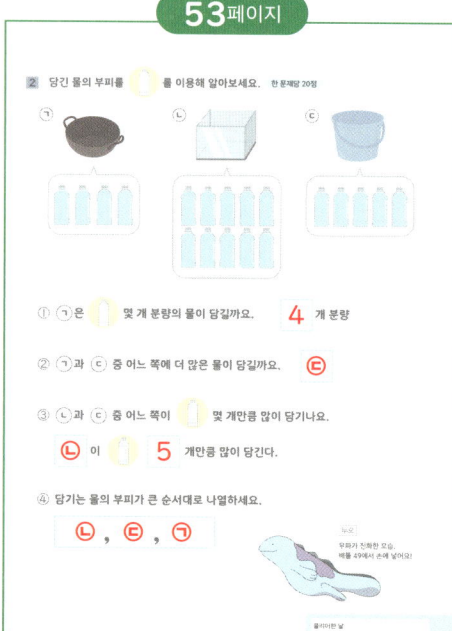
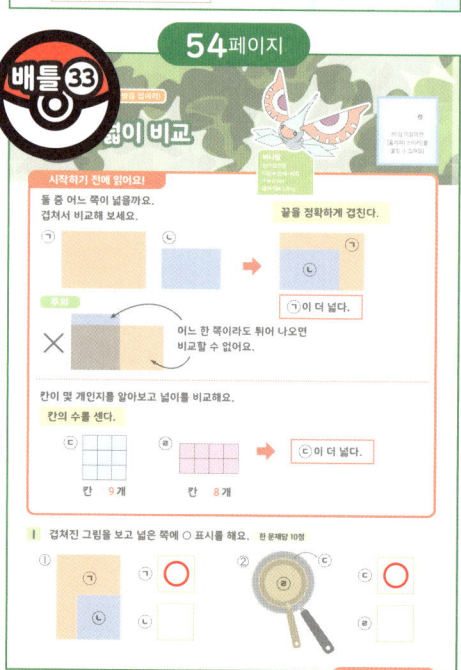
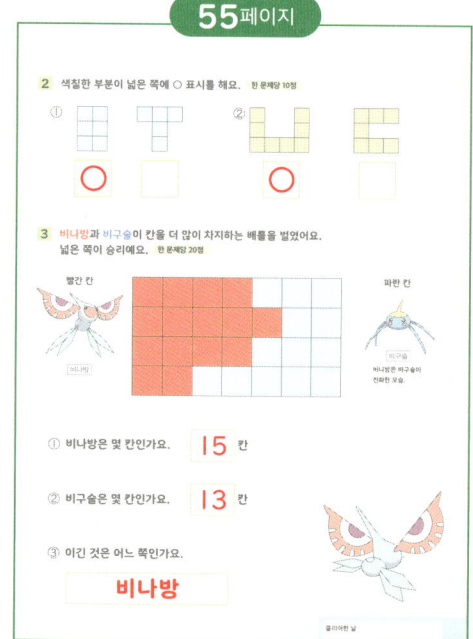

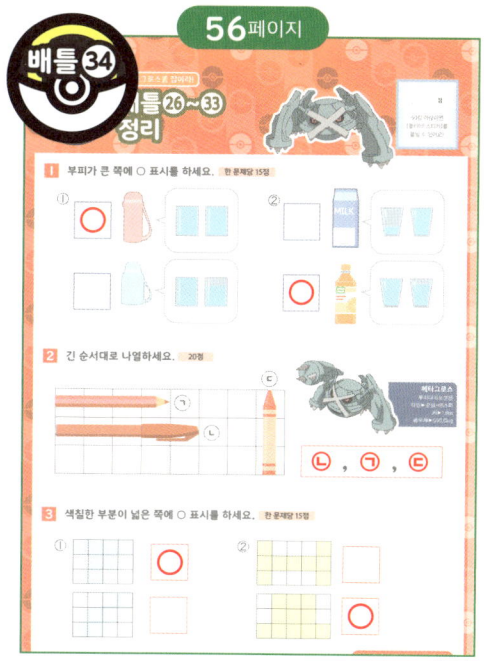

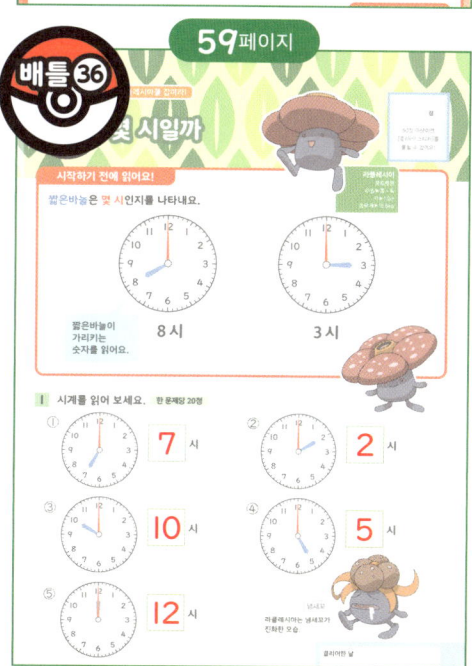

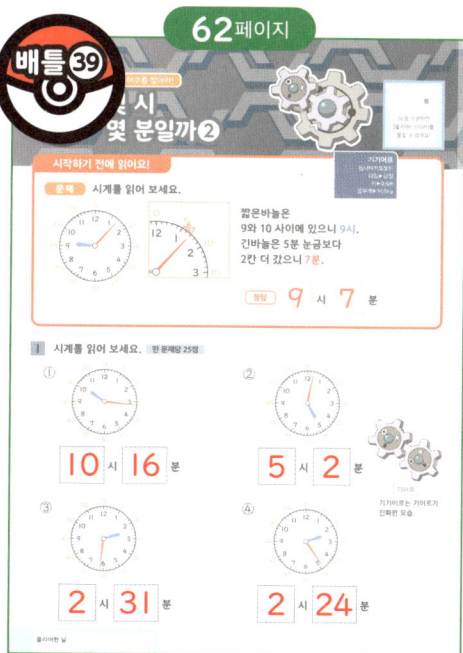
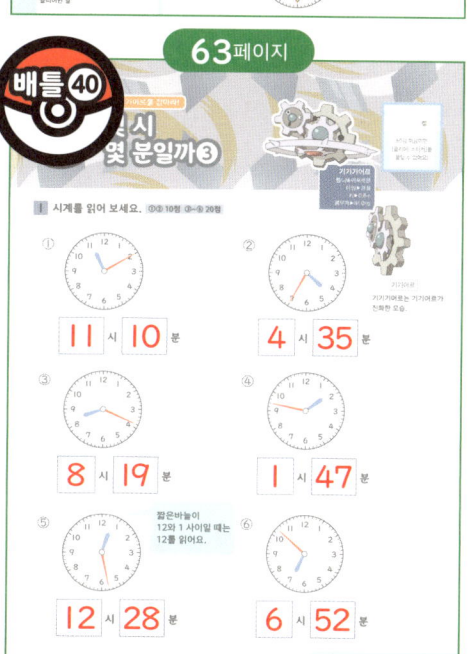

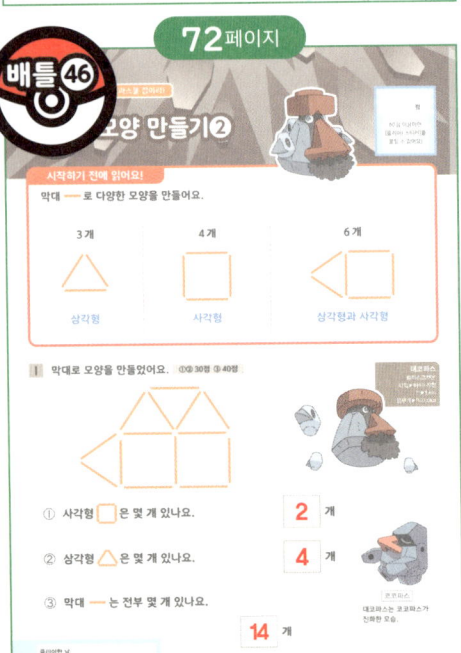
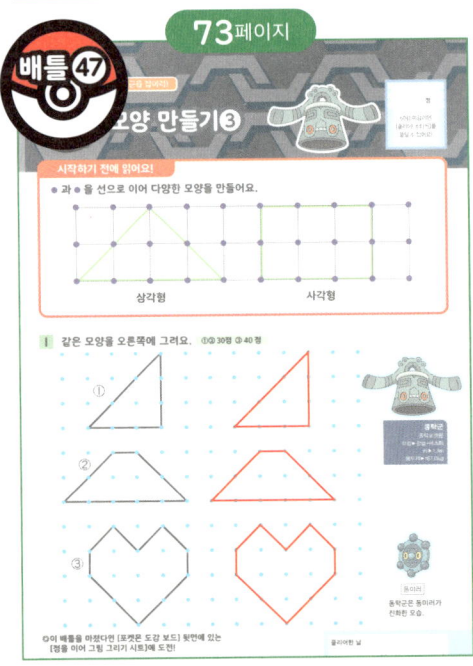

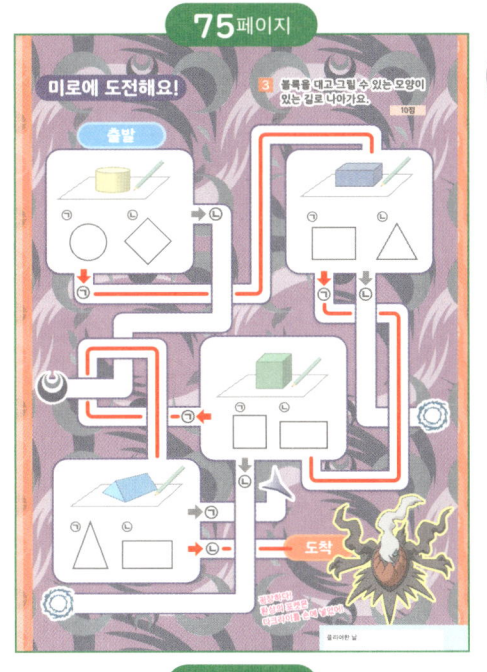

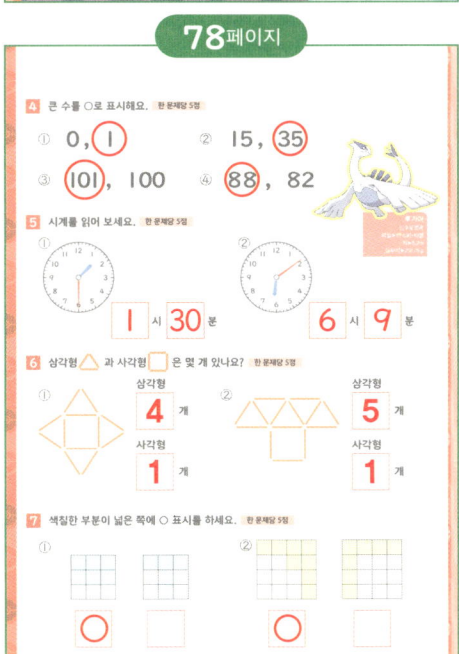

참 잘했어요!
드디어 모든 포켓몬을
손에 넣었군요!
마지막 스티커를 붙여
포켓몬 도감을 완성해요.

이것으로 당신도 [수·도형·단위 수학 마스터]예요!
부모님이 [수·도형·단위 수학 마스터 증명서]에
날짜와 이름을 써 주시면
마스터 스티커를 붙여요! 축하해요!

수·도형·단위 수학 마스터 증명서

님

당신은 이 학습지를 모두 수료하고
총 50종류의 포켓몬을 모았습니다.
그 노력을 높이 사,
수·도형·단위 수학 마스터로
인정합니다. 축하합니다!

마스터
스티커를
붙여요!

년   월   일